かわいいイラストデザイン CD-ROM

●監　修／永井裕美
●イラスト／うえはらかずよ、コダイラヒロミ、鳥生美幸、みさきゆい、マメリツコ、菅谷暁美、田中なおこ、どうまんかずのり、鹿渡いづみ、森のくじら

壁面など「デザインのヒント」いっぱい！

CONTENTS

- 本書の特長／本書の見方 …………………… 02
- 保育現場で大活躍！保育のデザインいろいろ!! … 03

● **カラーイラスト** ……………………………… 04

季節のデザイン
- 春のデザイン ……………………………… 04
- 夏のデザイン ……………………………… 06
- 秋のデザイン ……………………………… 08
- 冬のデザイン ……………………………… 10

保育のデザイン
- 新学期グッズ ……………………………… 12
- お祝い・がんばったで賞 ………………… 14
- 食育・食事の掲示物 ……………………… 15
- 手洗い・うがいの掲示物 ………………… 16
- 歯みがきの掲示物 ………………………… 17
- 排せつ・トイレの掲示物 ………………… 18
- 動物・昆虫マーク ………………………… 20
- 果物・野菜・草花マーク ………………… 22
- 乗り物・楽器マーク ……………………… 24
- 着替え・持ち物マーク …………………… 25
- 絵画・製作用具、遊具マーク …………… 26

カードのデザイン
- いつでも使える枠デザイン ……………… 27
- 季節・行事のメッセージカード ………… 28
- お誕生カードデザイン …………………… 29
- 暑中・残暑見舞いデザイン ……………… 30
- 年賀状デザイン …………………………… 31
- 12か月の数字のデザイン ………………… 32

● **モノクロイラスト** …………………………… 33

季節のデザイン
- 季節の飾り罫 ……………………………… 33
- 季節の飾り罫 ……………………………… 34
- …………………………………………… 36
- …………………………………………… 38
- …………………………………………… 40
- …………………………………………… 42
- …………………………………………… 44
- 季節のカット（夏） ……………………… 45
- 季節のカット（秋） ……………………… 46
- 季節のカット（冬） ……………………… 47

保育のデザイン
- 新学期グッズ ……………………………… 48
- お祝い・がんばったで賞 ………………… 50
- 食育・食事の掲示物 ……………………… 51
- 手洗い・うがいの掲示物 ………………… 52
- 歯みがきの掲示物 ………………………… 53
- 排せつ・トイレの掲示物 ………………… 54
- 生活習慣のイラスト（食事） …………… 56
- 生活習慣のイラスト（清潔） …………… 58
- 生活習慣のイラスト（排せつ） ………… 60
- 生活習慣のイラスト（着脱） …………… 62
- 生活習慣のイラスト（睡眠） …………… 64
- 生活習慣のイラスト（健康） …………… 65
- 生活習慣のイラスト（標語） …………… 66
- 行事の表示イラスト ……………………… 67
- 動物・昆虫マーク ………………………… 68
- 果物・野菜・草花マーク ………………… 70
- 乗り物・楽器マーク ……………………… 72
- 着替え・持ち物マーク …………………… 73
- 絵画・製作用具、遊具マーク …………… 74

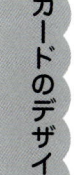

カードのデザイン
- いつでも使える枠デザイン ……………… 75
- 季節・行事のメッセージカード ………… 76
- お誕生カードデザイン …………………… 77
- 暑中・残暑見舞いデザイン ……………… 78
- 年賀状デザイン …………………………… 79
- 12か月の数字のデザイン ………………… 80

● CD-ROMをお使いになる前に ……………… 81
● かんたん！CD-ROM使い方マニュアル ……… 82

ひかりのくに

本書の特長

本書は、保育現場で大人気のイラストレーターさんが集結し、保育で使えるイラストをたっぷり凝縮した一冊です。かわいいイラストを使って、保育のあらゆる場面をデザインしてみてください。

特長 1
保育で使える!! イラストデザインがいっぱい!!

- 壁面などの環境デザインに!
- 新学期の準備に!
- 生活習慣の掲示物も!
- カードやメダルも!

※**デザインのヒント**つきで、保育での活用度がさらにアップ!!

特長 2 〔カラーも! モノクロも!〕
保育で人気の かわいいイラストが いっぱい!!

保育現場で大人気のイラストレーターさんが集結! 見て楽しい、使ってうれしい、かわいいイラストがいっぱいです!!

本書の見方

本書と本書付属のCD-ROMには、カラーイラストとモノクロイラストが入っています。目に留まったイラストからどんどん保育にご活用ください。CD-ROMの使い方については、「かんたん! CD-ROM使い方マニュアル」(P82〜)をご覧ください。

おすすめの使い方
保育の場面での主な使い方でイラストを分けていますが、この使い方に限りません。どんどんアレンジしてください。

デザインのヒント
主な使い方以外にも、保育の場面でいろいろなデザインに活用できるヒントを紹介しています。園やクラスに合わせて、さらに広げてみてください。

ファイル名 〔P00-00〕
CD-ROM内のイラストのファイル名を示しています。

用途に合わせて2種類!
誌面どおりそのまま使うなら
……▶ 〔P00-00A〕 文字あり
自分で文字を入れたいなら
……▶ 〔P00-00B〕 文字なし

フォルダ名
CD-ROM内のイラストが収められている場所を示しています。

お買い求めになる前に、必ずP81をお読みください。

保育現場で大活躍！保育のデザインいろいろ!!

❶ 新学期の準備に役だつ!!

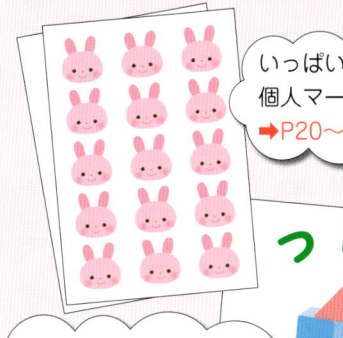

いっぱい出力して個人マークに！
➡P20〜など

おもちゃ箱にはると、片づけがしやすくなります。
➡P24〜・P72〜など

❷ 生活習慣もばっちり身につく!!

子どもの目に届くところにはったり、小さめに出力して配ったりしてもOK！ ➡P15〜など

このページに紹介したように、保育のデザインができます！ 本文の「デザインのヒント」を見てね！

モノクロイラストを出力して塗り絵にすると、さらに意識も高まります。➡P51〜など

❸ お当番や日めくりカレンダーも！

段ボールやお菓子の箱にはって、フックや画びょうなどを付ける。名前カードは人数分出力してリングをつけて束ねると……すてきなお当番表に！ ➡P12〜など

もちろん、モノクロイラストを出力して、型紙として使ってもOK！
➡P48〜など

食育や生活習慣のイラストは、親子の指導にも大活躍！ ➡P56〜など

❹ メダルやメッセージカード、プログラムにも!!

出力して、厚紙をはるとじょうぶに！ ➡P14〜・P50〜など

運動会や発表会のおみやげにはって、のし紙として使ってもOK！ ➡P27〜など

プログラムにもOK！モノクロイラストだと塗り絵ができます。
➡P27〜・P75〜など

賞状やちょっとしたメッセージカードにしてもかわいい！ ➡P27〜など

❺ ペープサートにも!!

割りばしを付けて、ペープサートにも！
➡P20〜・P31・P68〜・P79など

使い方は無限大!!
カラーイラスト375点はすべてモノクロイラストにもなっていて、ダブルにお得！ さらに、季節の飾り罫と枠、カットや生活習慣のモノクロイラストが270点も入っています。モノクロイラスト全645点は、壁面や手作りカードの型紙にしたり塗り絵にしたりして、使い方は無限大!!

春のデザイン

* 入園式・卒園式・遠足など春の行事のしおりに。
* 入園式・卒園式の会場装飾に。
* 壁面や保育環境のデザインの参考に。

モノクロはP36・37

季節のデザイン

P04-01

P04-02

P04-03

P04-04

P04-05

P04-06

P04-07

P04-08

04　P04-P32 color → P04-P11 kisetu → P04

季節のデザイン

(P05-01)　(P05-02)　(P05-03)　(P05-04)

(P05-05)

(P05-06)

(P05-07)

夏のデザイン

デザインのヒント
* 夕涼み会・お泊まり保育・夏休みのしおりに。
* 暑中・残暑見舞いのヒントに。
* 壁面デザイン（梅雨・プール・七夕）の参考に。

モノクロはP38・39

季節のデザイン

P06-01

P06-02

P06-03

P06-04

P06-05

P06-06

P06-07

P06-08

季節のデザイン

(P07-01) (P07-02) (P07-03) (P07-04)

(P07-05)

(P07-06)

(P07-07)

秋のデザイン

※運動会・作品展・発表会・遠足のしおりなどに。
※秋の行事をモチーフにした壁面や保育環境のデザインの参考に。

モノクロはP40・41

季節のデザイン

P08-01

P08-02

P08-03

P08-04

P08-05

P08-06

P08-07

P08-08

08　P04-P32 color → P04-P11 kisetu → P08

季節のデザイン

P09-01　P09-02　P09-03　P09-04

P09-05

P09-06

P09-07

冬のデザイン

季節のデザイン

※クリスマスカード・年賀状のかわいいカットとして。
※クリスマス・お正月・節分など、冬の行事の壁面や保育環境デザインの参考に。

モノクロはP42・43

P10-01

P10-02

P10-03

P10-04

P10-05

P10-06

P10-07

P10-08

季節のデザイン

P11-01　　　P11-02　　　P11-03　　　P11-04

P11-05

P11-06

P11-07

新学期グッズ

* 新学期グッズのかわいいデザインに。➡ P03の③
* 文字なしのイラストで、壁面やカード・メダルなど、いろんなデザインにも。

モノクロはP48・49

おたより帳入れ

保育のデザイン

P12-01A　P12-01B　　　　P12-02A　P12-02B

日めくりカレンダー

P12-03A　P12-03B　　　　P12-04A　P12-04B

P12-05A　P12-05B　　　　P12-06A　P12-06B

月・日・曜日カード

P12-07　　　　P12-08　　　　P12-09　　　　P12-10

お祝い・がんばったで賞

モノクロはP50

※行事のプレゼント包みやのワンポイントとして。
※厚紙にはったりパウチでカバーしたりして、じょうぶなメダルにデザイン。➡ P03の④

保育のデザイン

P14-01

P14-02

P14-03

P14-04

P14-05

P14-06

P14-07

P14-08

P14-09

食育・食事の掲示物

※ポスターとして使うほか、P22〜23の果物や野菜の
イラストも使うなどして、楽しく食に関心を。
➡P03の②

(P15-01A) (P15-01B)

(P15-02A) (P15-02B)

(P15-03A) (P15-03B)

(P15-04)

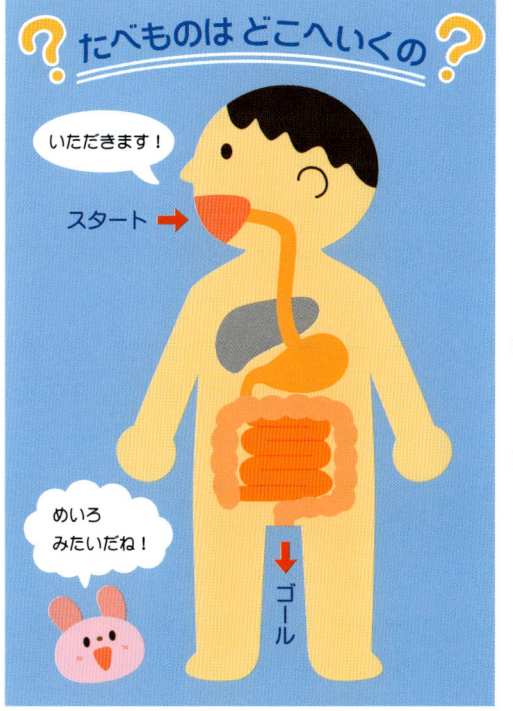
(P15-05)

(P15-06)
(P15-07)

◀おにぎり（P15-06）とうん
ち（P15-07）のペープサー
トを作り、食べた物がうん
ちになるまでのようすを知
らせると、わかりやすいで
しょう。

(P15-08)

※ファイル名が2種類あるものについては、(P00-00A)は文字あり、(P00-00B)は文字なしのイラストがCD-ROMに入っています。

15

手洗い・うがいの掲示物

デザインのヒント
モノクロはP52

＊パウチでカバーしておくと、ぬれてもOK！
＊子どもたちの視線の位置を意識した環境デザインを。
　➡P03の②
＊文字なしのイラストで、違う言葉にも換えられます。

保育のデザイン

P16-01A　P16-01B

P16-02A　P16-02B

P16-03

P16-04A　P16-04B

P16-05A　P16-05B

P16-06A　P16-06B

歯みがきの掲示物

* P17-01 は、子どもの歯の並びになっているので、壁にはって、楽しい歯みがき指導に！ ➡ P03の②
* P17-03 には、「まいにち みがいて ピッカピカ」と入れて、ポスターにしてもOK！

モノクロはP53

◀ P25-05 のコップ、P25-06 の歯ブラシ、P17-02 のばい菌を使って、みんなでみがく練習をしてもいいですね（P65も参照）。

P17-01A　P17-01B

P17-02　　P17-03A　P17-03B

P17-04

P17-05

保育のデザイン

※ファイル名が2種類あるものについては、P00-00Aは文字あり、P00-00Bは文字なしのイラストがCD-ROMに入っています。

P04-P32 color → P12-P26 hoiku → P17

排せつ・トイレの掲示物

デザインのヒント
モノクロはP54・55

＊トイレ指導に。→P03の②
＊ポスターを目で見て意識づける環境デザインに！
＊新入園児にもわかりやすく伝えられる。

わしき といれ
(P18-01A) (P18-01B)

おとこのこよう といれ
(P18-02A) (P18-02B)

ようしき といれ
(P18-03A) (P18-03B)

みずを ながそう
(P18-04A) (P18-04B)

といれの おやくそく　うんち／おしっこ をしたら
❶ おしりを ふこう
❷ みずを ながそう
❸ てを あらおう
❹ てを ふこう
(P18-05A) (P18-05B)

(P19-01A) (P19-01B)

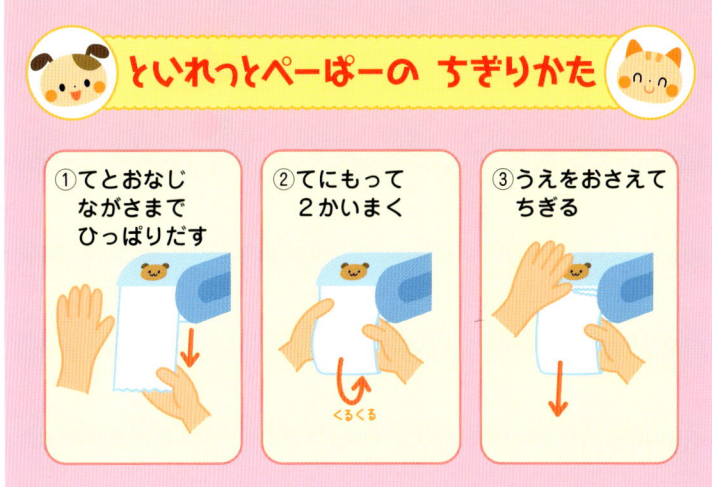

(P19-02A) (P19-02B)

(P19-03A) (P19-03B)

▲検便や検尿のお知らせにも！ (P19-04)

(P19-05)

※ファイル名が2種類あるものについては、(P00-00A)は文字あり、(P00-00B)は文字なしのイラストがCD-ROMに入っています。

動物・昆虫マーク

* 個人マーク（→P03の①）や園内のデザインに。
* カードを作って、「生き物これなあにクイズ」。
* ペープサートにも使える。→P03の⑤

モノクロはP68・69

保育のデザイン

P20-01 　P20-02 　P20-03 　P20-04
P20-05 　P20-06 　P20-07 　P20-08 
P20-09 　P20-10 　P20-11 　P20-12 
P20-13 　P20-14 　P20-15 　P20-16 
P20-17 　P20-18 　P20-19 　P20-20 

20　P04-P32 color → P12-P26 hoiku → P20

果物・野菜・草花マーク

* 個人マーク（→ P03の①）や園内のデザインに。
* プランター・畑の野菜・園庭の花や木などの表示に。
* カードを作って、「食べ物これなあにクイズ」。

モノクロはP70・71

保育のデザイン

P22-01  P22-02  P22-03  P22-04
P22-05  P22-06  P22-07  P22-08 
P22-09 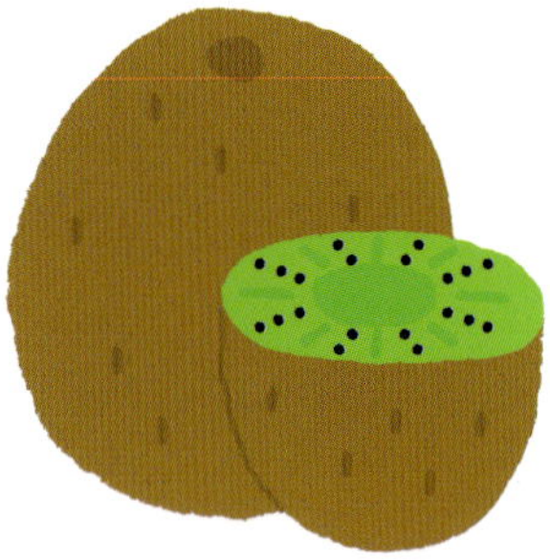 P22-10  P22-11 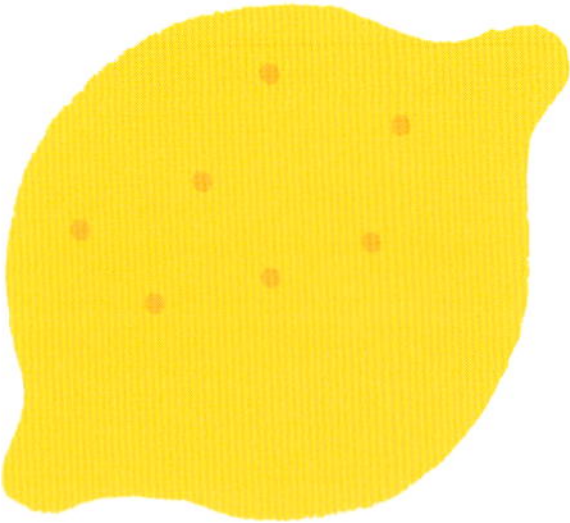 P22-12 
P22-13  P22-14  P22-15  P22-16 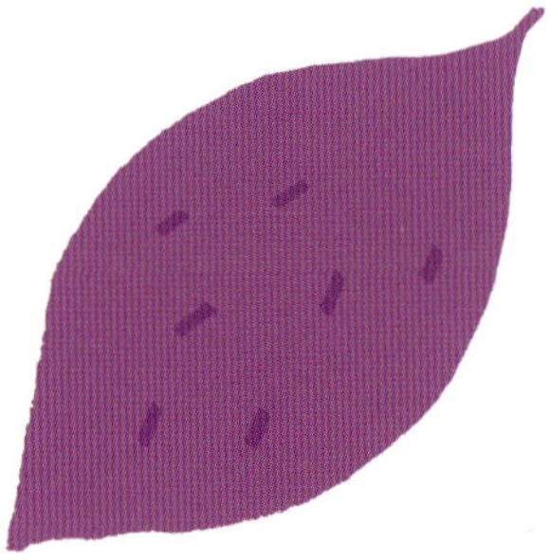
P22-17  P22-18  P22-19  P22-20 

22　color P04-P32 → hoiku P12-P26 → P22

乗り物・楽器マーク

デザインのヒント
モノクロはP72

＊個人マーク（→P03の①）や環境デザインに。
＊マークをはることで、整理整とんしやすく。
＊カードを作って、「音当てクイズ」。

保育のデザイン

P24-01

P24-02

P24-03

P24-04

P24-05

P24-06

P24-07

P24-08

P24-09

P24-10

P24-11

P24-12

P24-13

P24-14

P24-15

P24-16

P24-17

P24-18

P24-19

P24-20

24　P04-P32 color → P12-P26 hoiku → P24

着替え・持ち物マーク

※棚やかごに表示することで、子どもたちが片づけやすくなる環境デザインを。➡ P03の①

モノクロはP73

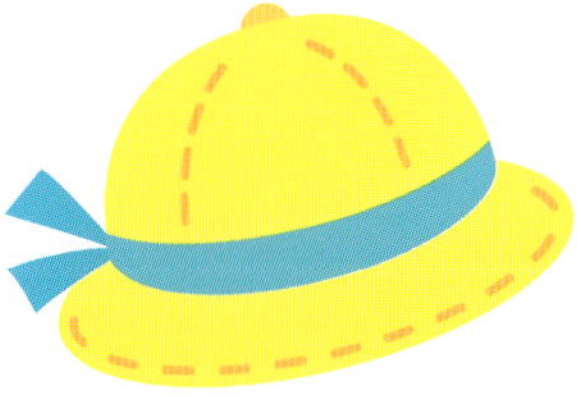

P25-01 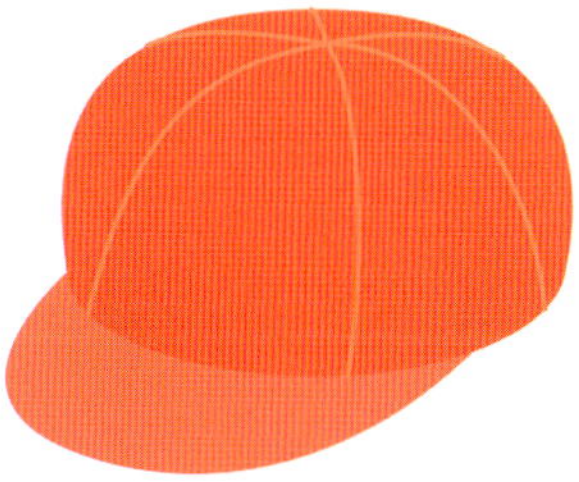　P25-02 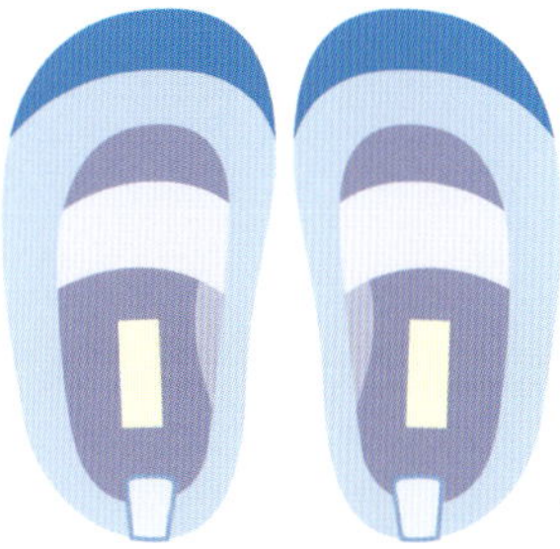　P25-03 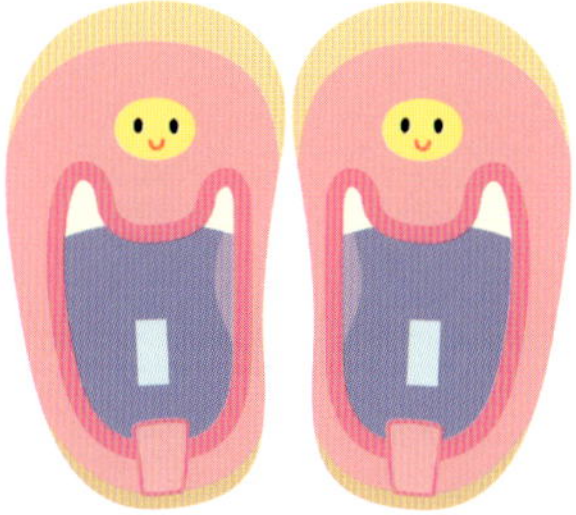　P25-04
P25-05 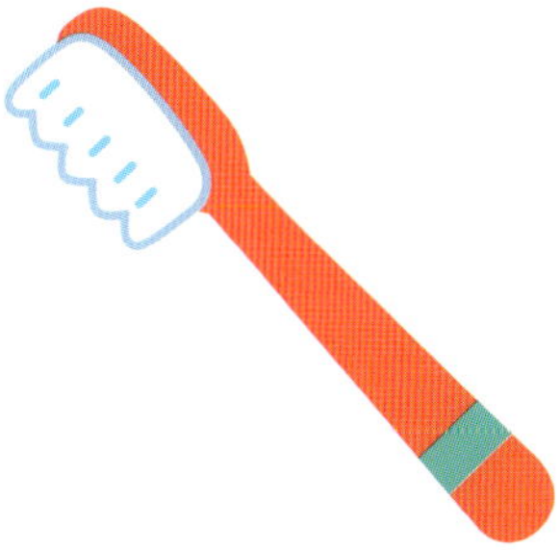　P25-06 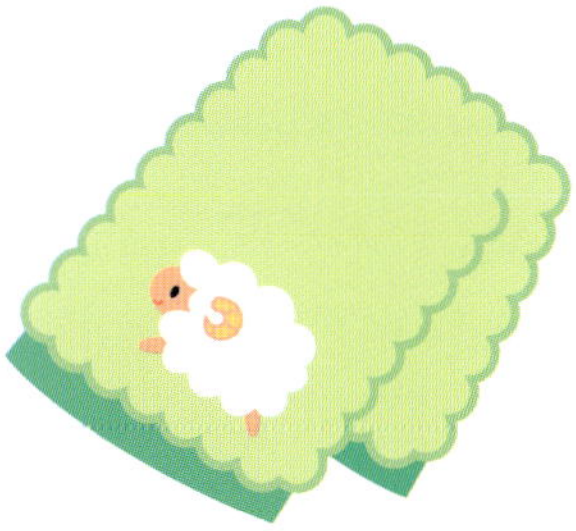　P25-07 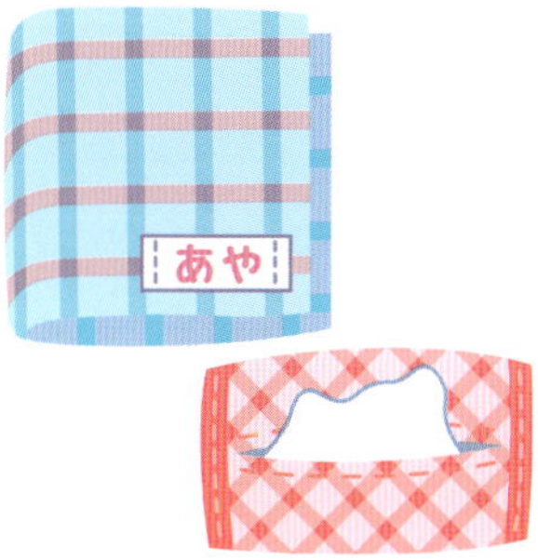　P25-08 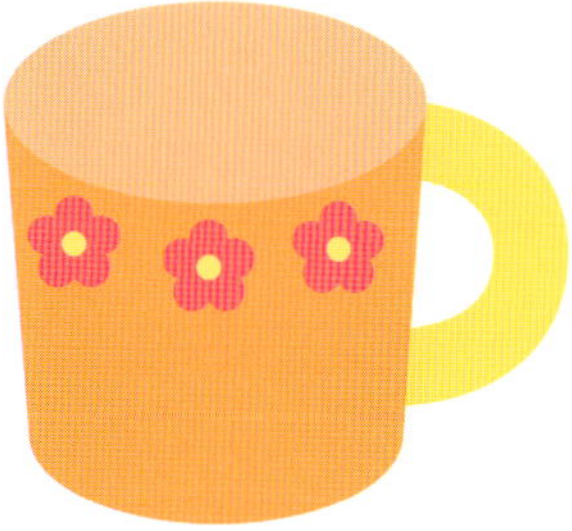
P25-09 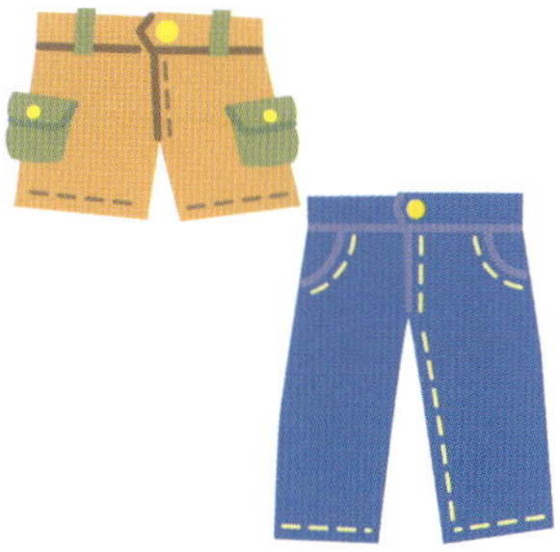　P25-10 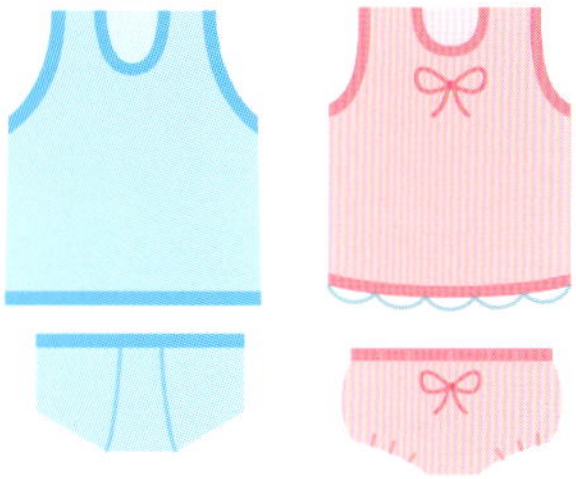　P25-11 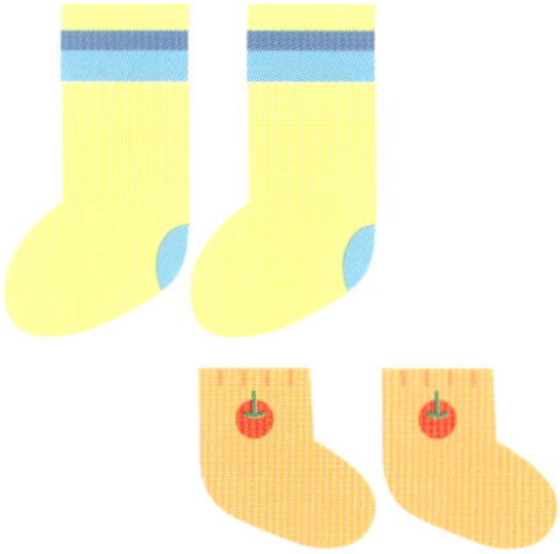　P25-12 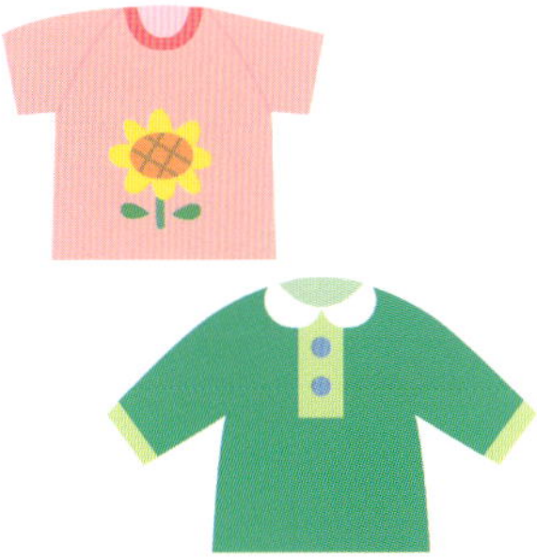
P25-13 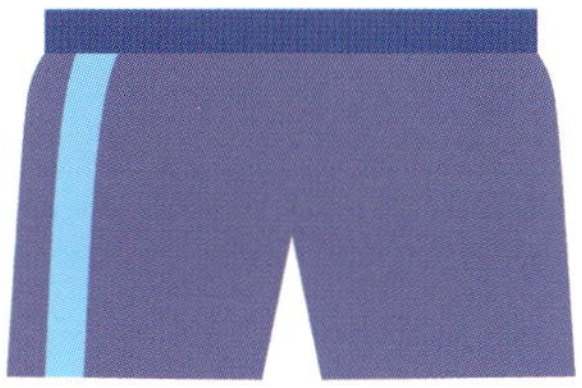　P25-14 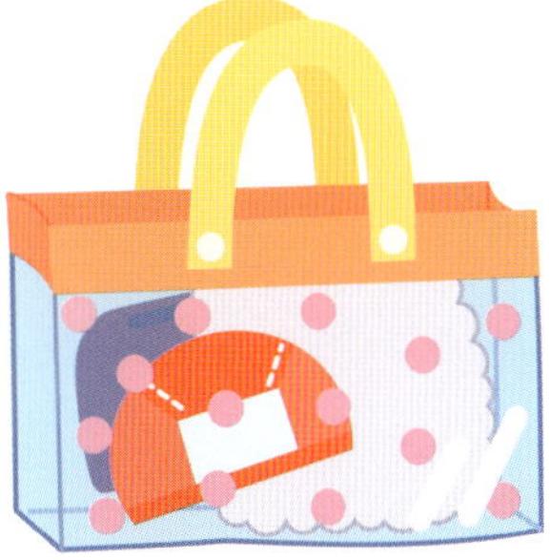　P25-15 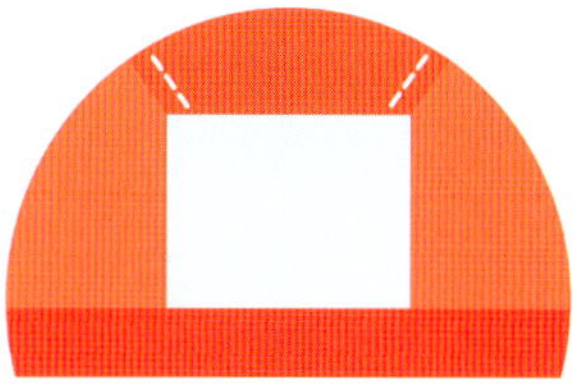　P25-16 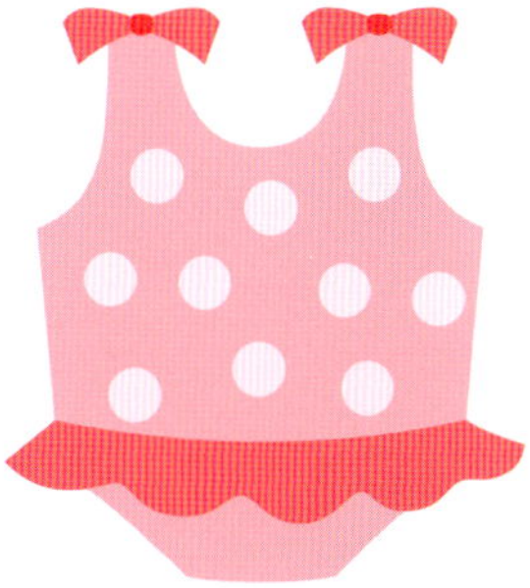
P25-17 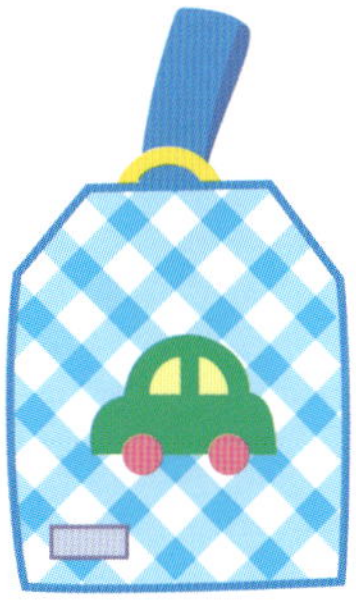　P25-18 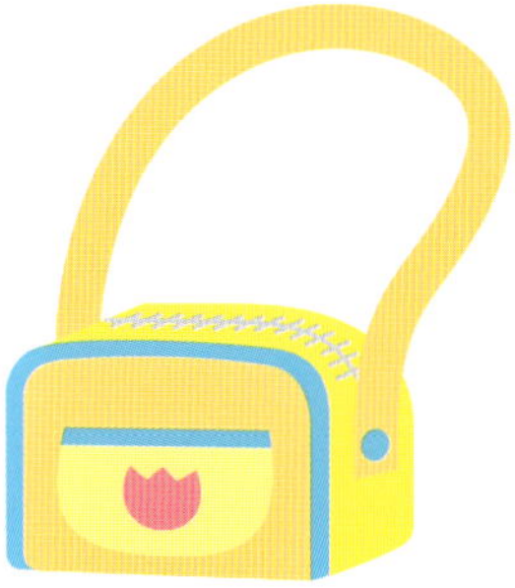　P25-19 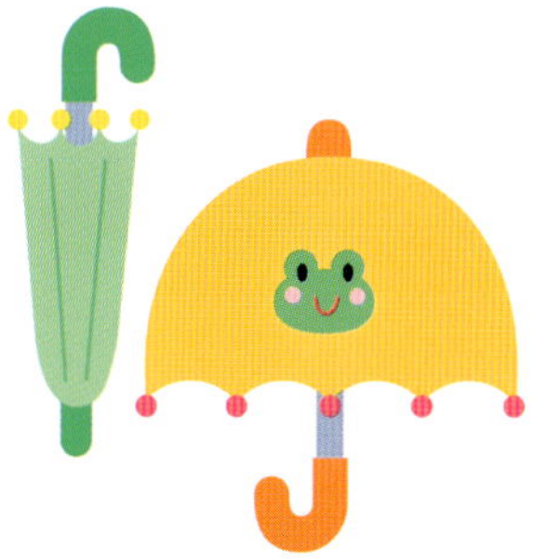　P25-20

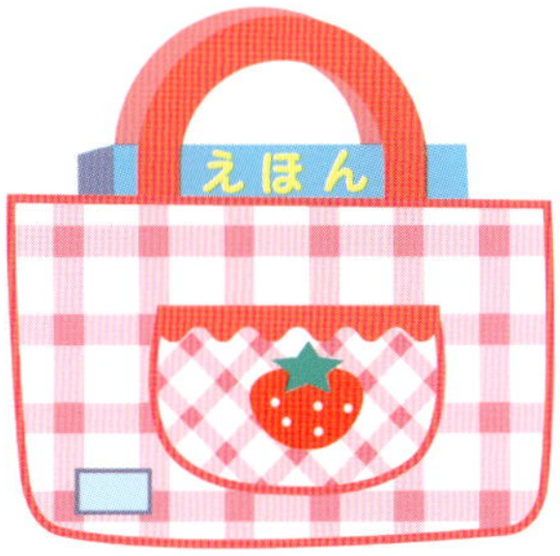

絵画・製作用具、遊具マーク

＊棚やかごに表示することで、子どもたちが片づけやすくなる環境デザインを。➡ P03の①

P26-01 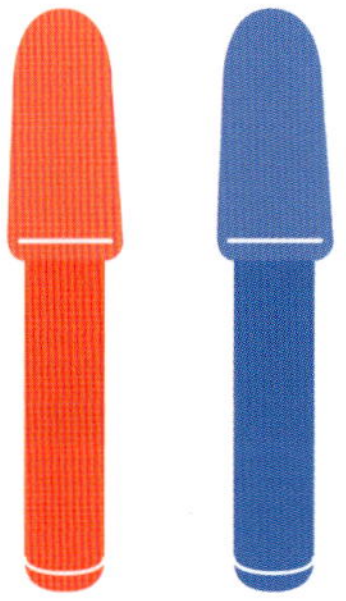　P26-02 　P26-03 　P26-04
P26-05 　P26-06 　P26-07 　P26-08 
P26-09 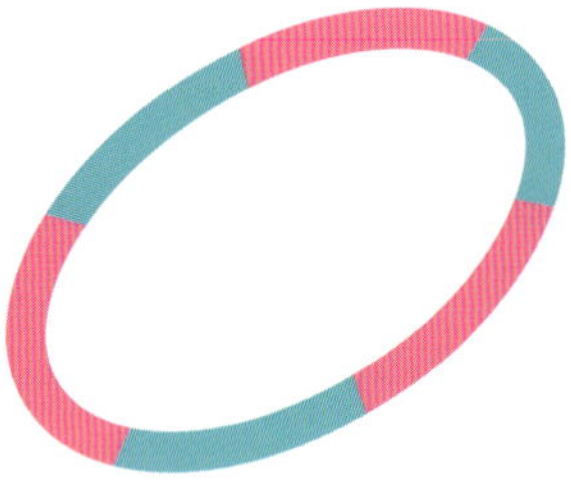　P26-10 　P26-11 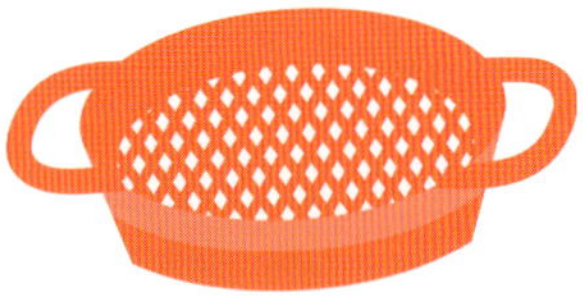　P26-12 
P26-13 　P26-14 　P26-15 　P26-16 
P26-17 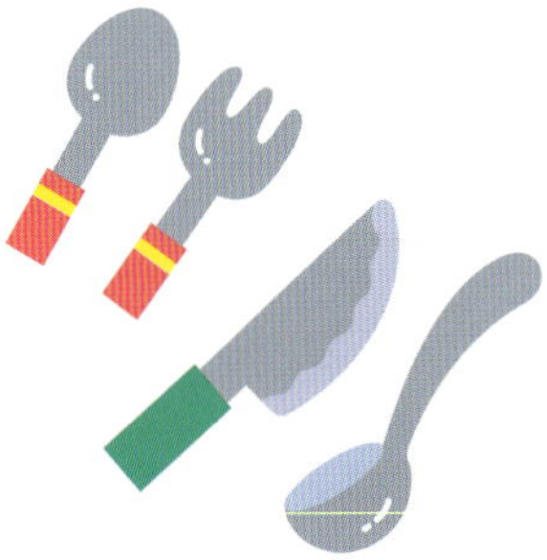　P26-18 　P26-19 　P26-20 

26　P04-P32 color → P12-P26 hoiku → P26

いつでも使える枠デザイン

デザインのヒント
モノクロはP75

＊メッセージカードに最適！
＊プレゼントにはって、のし紙としたり、賞状などのデザインに。 ➡ P03の④

P27-01

P27-02

P27-03

P27-04

P27-05

P27-06

P27-07

P27-08

P27-09

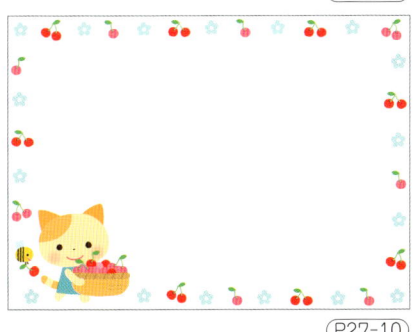
P27-10

P27-11

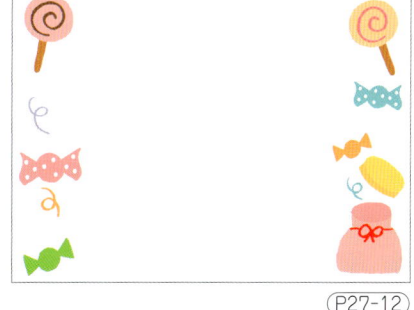
P27-12

P27-13

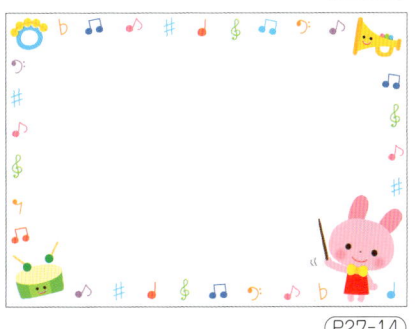
P27-14

P27-15

カードのデザイン

📁 P04-P32 color → 📁 P27-P32 card → 📁 P27

季節・行事のメッセージカード

＊入園式・こどもの日・虫歯予防デー・七夕・プール・夏祭り・運動会・作品展・クリスマス会・もちつき・節分・音楽会・ひな祭り・卒園式・遠足に。
➡ P03の④

モノクロはP76

カードのデザイン

P28-01

P28-02

P28-03

P28-04

P28-05

P28-06

P28-07

P28-08

P28-09

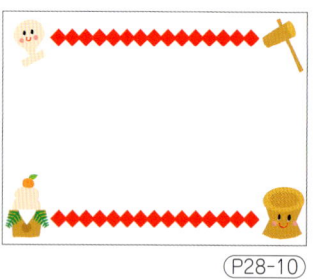
P28-10

P28-11

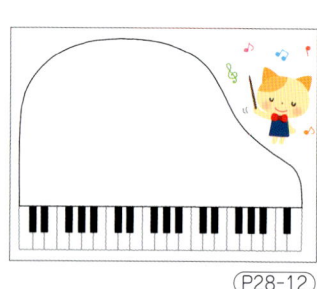
P28-12

P28-13

P28-14

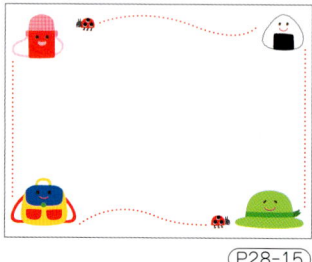
P28-15

P28-16

P28-17

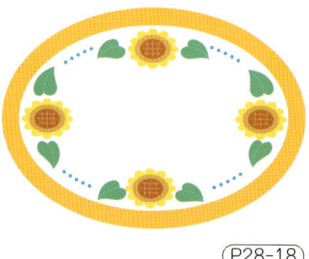
P28-18

P28-19

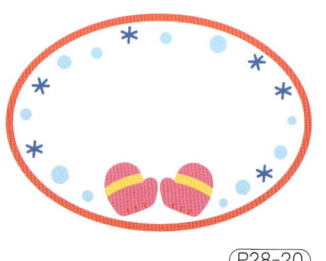
P28-20

お誕生カードデザイン

デザインのヒント
モノクロはP77

＊表・裏プリントすると、さらにすてきなカードに。
＊空いているスペースに写真をはってもよいでしょう。

〈外面〉 P29-01

〈中面〉 P29-02A P29-02B

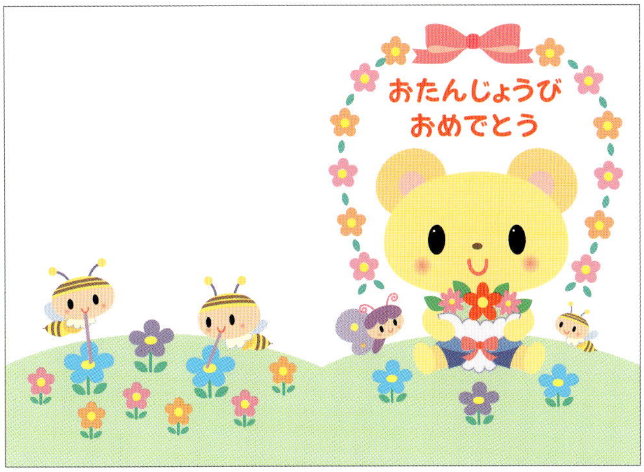

P29-03A P29-03B

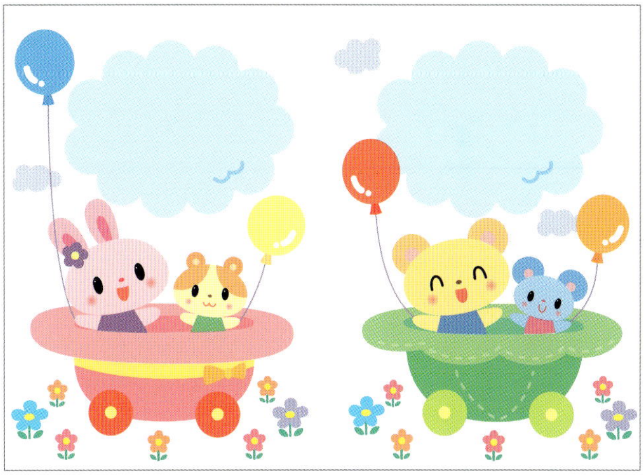

P29-04

◀外面の表紙

◀外面の裏表紙

P29-05A P29-05B

◀中面の上部

◀中面の下部

P29-06A P29-06B

カードのデザイン

暑中・残暑見舞いデザイン

デザインのヒント

モノクロはP78

＊そのままハガキにプリントできる。
＊夏の壁面デザインのヒントに。

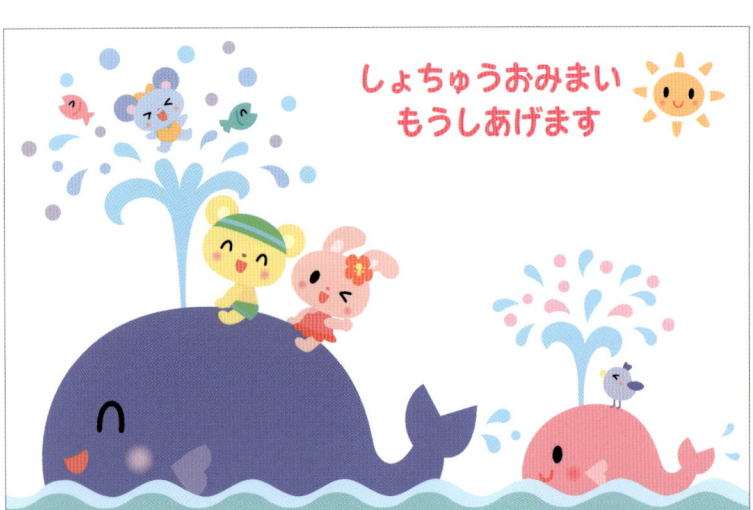

P30-01A P30-01B

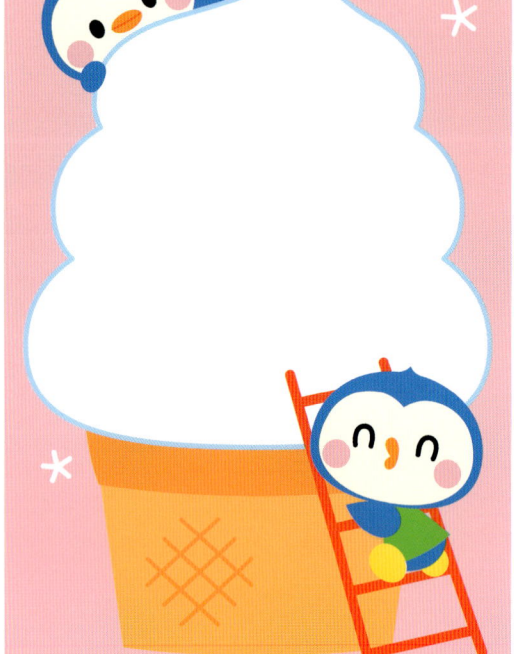

P30-04

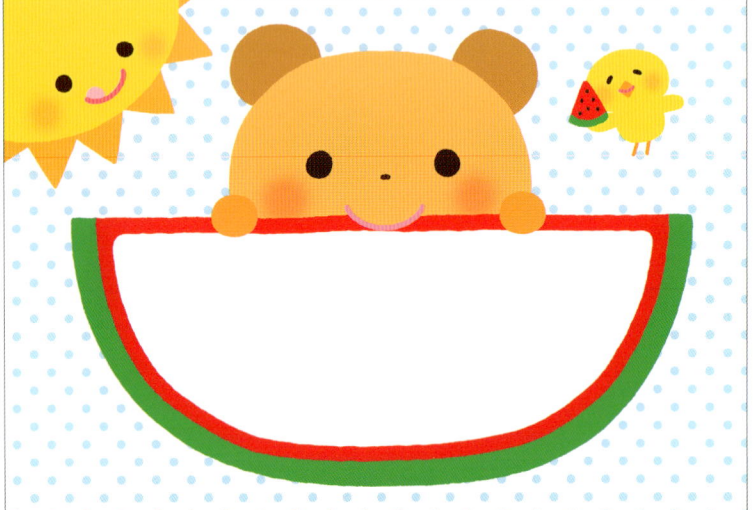

P30-02

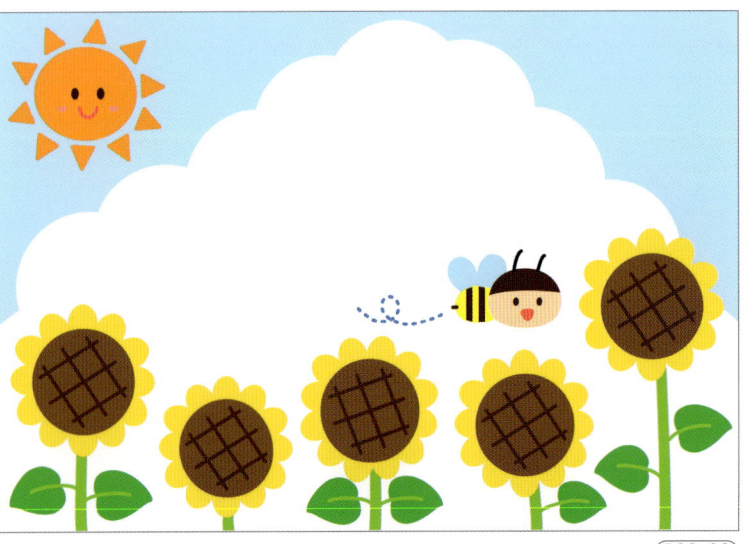

P30-03

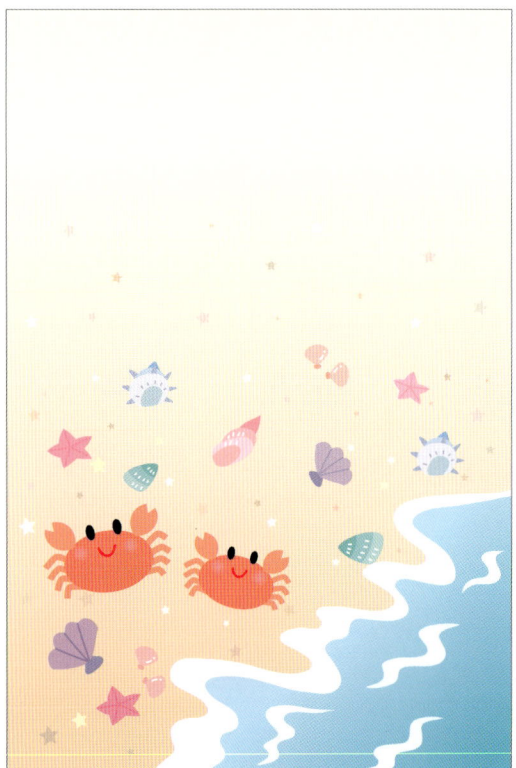

P30-05

年賀状デザイン

デザインのヒント
モノクロはP79

＊そのままハガキにプリントできる。
＊その年のえとに合わせたワンカットを、いろんなデザインに。
＊ペープサートの十二支のお話に。➡ P03の⑤

(P31-01A) (P31-01B)

(P31-02A) (P31-02B)

(P31-03A) (P31-03B)

(P31-04)

(P31-05)

(P31-06)

カードのデザイン

(P31-07) (P31-08)  (P31-09)  (P31-10) (P31-11)

(P31-12) (P31-13)

(P31-14) (P31-15)

(P31-16)

※ファイル名が2種類あるものについては、(P00-00A)は文字あり、(P00-00B)は文字なしのイラストがCD-ROMに入っています。

P04-P32 color → P27-P32 card → P31

31

12か月の数字のデザイン

* カレンダーの月を表す見出しとして。
* 誕生表の飾りに、厚紙にはるとしっかりします。

デザインのヒント
モノクロはP80

カードのデザイン

P32-01

P32-02

P32-03

P32-04

P32-05

P32-06

P32-07

P32-08

P32-09

P32-10

P32-11

P32-12

季節の飾り罫

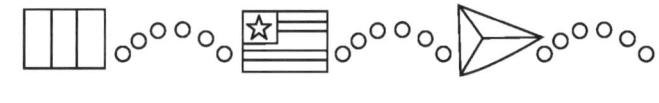

デザインのヒント
＊ラベルなど、季節の小物のデザインに。
＊コメント用紙などのワンポイントデザインに。

春の飾り罫
- P33-01
- P33-02
- P33-03

夏の飾り罫
- P33-04
- P33-05
- P33-06

秋の飾り罫
- P33-07
- P33-08
- P33-09

冬の飾り罫
- P33-10
- P33-11
- P33-12

春の飾り罫　P33-13　P33-14
夏の飾り罫　P33-15　P33-16
秋の飾り罫　P33-17　P33-18
冬の飾り罫　P33-19　P33-20

季節のデザイン

P33-P80 monokuro → P33-P47 kisetu → P33

季節の飾り枠

*季節のひとことメッセージのデザインとして。
*春夏秋冬順なので、お誕生表の型紙としても。

春のデザイン

＊P04・05のこのコーナーのアイディア必見！
＊壁面や入園式・卒園式の会場装飾の型紙としても。
カラーはP04・05

P36-01

P36-02

P36-03

P36-04

P36-05

P36-06

季節のデザイン

P36-07

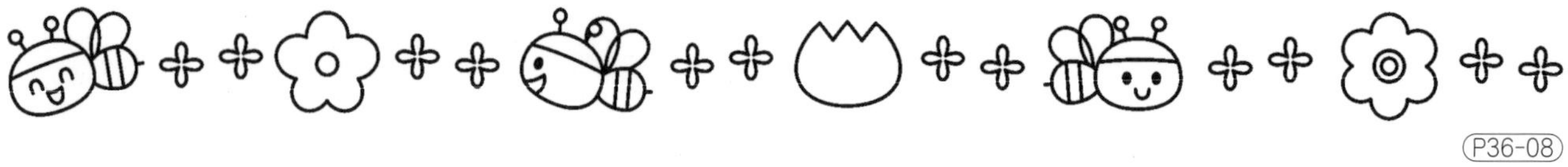

P36-08

P33-P80 monokuro → P33-P47 kisetu → P36

(P37-01) (P37-02) (P37-03) (P37-04)

(P37-05)

季節のデザイン

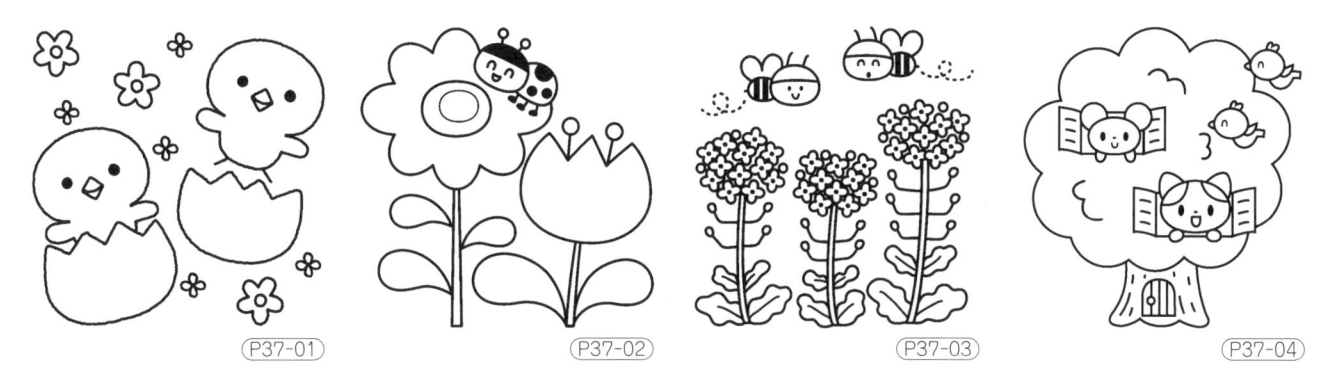

(P37-06)

(P37-07)

P33-P80 monokuro → P33-P47 kisetu → P37

37

夏のデザイン

デザインのヒント
カラーはP06・07

＊P06・07のこのコーナーのアイディア必見！
＊壁面や保育室飾りの型紙としても。

(P38-01) (P38-02) (P38-03)
(P38-04) (P38-05) (P38-06)
(P38-07)
(P38-08)

季節のデザイン

P39-01 P39-02 P39-03 P39-04

P39-05

P39-06

P39-07

季節のデザイン

P33-P80 monokuro → P33-P47 kisetu → P39

39

秋のデザイン

デザイン
の
ヒント
カラーはP08・09

＊P08・09のこのコーナーのアイディア必見！
＊壁面や保育室飾りの型紙としても。

季節のデザイン

(P40-01)
(P40-02)
(P40-03)
(P40-04)
(P40-05)
(P40-06)
(P40-07)
(P40-08)

40
P33-P80
monokuro → P33-P47
kisetu → P40

(P41-01) (P41-02) (P41-03) (P41-04)

(P41-05)

季節のデザイン

(P41-06)

(P41-07)

P33-P80 monokuro → P33-P47 kisetu → P41

41

冬のデザイン

デザインのヒント
カラーはP10・11

＊P10・11のこのコーナーのアイディア必見！
＊壁面や保育室飾りの型紙としても。

(P42-01)
(P42-02) 
(P42-03) 
(P42-04) 
(P42-05) 
(P42-06) 
(P42-07) 
(P42-08) 

季節のデザイン

42　monokuro P33-P80 → kisetu P33-P47 → P42

(P43-01) (P43-02) (P43-03) (P43-04)

(P43-05)

季節のデザイン

(P43-06)

(P43-07)

P33-P80 monokuro → P33-P47 kisetu → P43

43

季節のカット（春）

デザインのヒント
* 入園式・卒園式・遠足などのしおりに。
* 壁面や保育環境のデザインの参考に。
* 型紙としてもOK。

季節のデザイン

P44-01 　P44-02 　P44-03 　P44-04
P44-05 　P44-06 　P44-07 　P44-08 
P44-09 　P44-10 　P44-11 　P44-12 
P44-13 　P44-14 　P44-15 　P44-16 
P44-17 　P44-18 　P44-19 　P44-20 

44　P33-P80 monokuro → P33-P47 kisetu → P44

季節のカット（夏）

デザインのヒント
* 夏の行事の連絡やしおりに。
* 壁面や保育環境のデザインの参考に。
* カードにして、「夏休みのお楽しみ」として紹介。

P45-01 　P45-02 　P45-03 　P45-04
P45-05 　P45-06 　P45-07 　P45-08 
P45-09 　P45-10 　P45-11 　P45-12 
P45-13 　P45-14 　P45-15 　P45-16 
P45-17 　P45-18 　P45-19 　P45-20 

季節のデザイン

季節のカット（秋）

デザインのヒント
＊運動会・作品展の案内などに。→P03の④
＊壁面や保育環境のデザインの参考に。
＊型紙としてもOK。

P46-01　P46-02　P46-03　P46-04
P46-05　P46-06　P46-07　P46-08
P46-09　P46-10　P46-11　P46-12
P46-13　P46-14　P46-15　P46-16
P46-17　P46-18　P46-19　P46-20

季節のデザイン

季節のカット（冬）

デザインのヒント
＊生活発表会の案内などに。→ P03の④
＊壁面や保育環境のデザインの参考に。型紙にも。
＊カードにして、「冬休み何をしようかな？」紹介にも。

P47-01	 P47-02	 P47-03	 P47-04
 P47-05	 P47-06	 P47-07	 P47-08
 P47-09	 P47-10	P47-11	 P47-12
 P47-13	 P47-14	 P47-15	 P47-16
 P47-17	 P47-18	 P47-19	 P47-20

季節のデザイン

新学期グッズ

デザインのヒント カラーはP12・13

＊P12・13のこのコーナーのアイディア必見！
＊型紙として使えば、手作り感もアップ！ ➡ P03の③

おたより帳入れ

(P48-01A) (P48-01B) 　(P48-02A) (P48-02B)

日めくりカレンダー

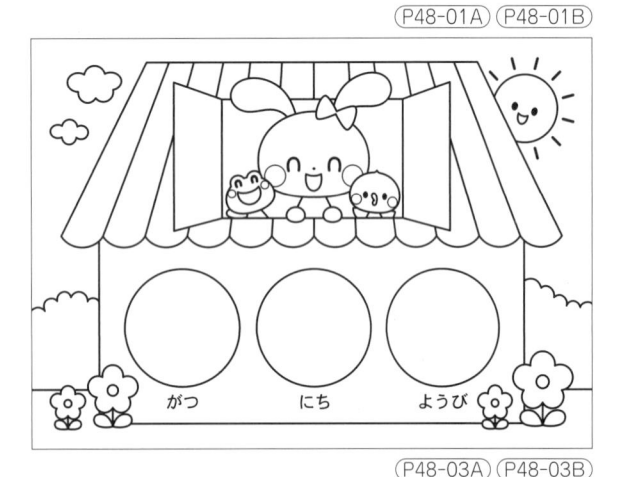

(P48-03A) (P48-03B) 　(P48-04A) (P48-04B)

(P48-05A) (P48-05B) 　(P48-06A) (P48-06B)

月・日・曜日カード

1	4	7	10	13	16	19	22	25	28	31	げつ	もく	にち
2	5	8	11	14	17	20	23	26	29		か	きん	
3	6	9	12	15	18	21	24	27	30		すい	ど	

(P48-07)　(P48-08)　(P48-09)　(P48-10)

お当番表　　　　　　　　　　　名前カード

(P49-01A) (P49-01B)　(P49-02A) (P49-02B)

(P49-05)
(P49-06)
(P49-07)
(P49-08)

(P49-03A) (P49-03B)　(P49-04A) (P49-04B)

お当番バッジ

(P49-09A) (P49-09B)　(P49-10)　(P49-11A) (P49-11B)

(P49-12A) (P49-12B)　(P49-13)　(P49-14)

保育のデザイン

※ファイル名が2種類あるものについては、(P00-00A)は文字あり、(P00-00B)は文字なしのイラストがCD-ROMに入っています。

P33-P80 monokuro → P48-P74 hoiku → P49

お祝い・がんばったで賞

デザインのヒント カラーはP14

＊P14のこのコーナーのアイディア必見！
＊型紙として使えば、手作り感もアップ！→P03の④

P50-01
P50-02 
P50-03 
P50-04 
P50-05 
P50-06 
P50-07 
P50-08 
P50-09 

保育のデザイン

50 　P33-P80 monokuro → P48-P74 hoiku → P50

食育・食事の掲示物

デザインのヒント カラーはP15
* P15のこのコーナーのアイディア必見!
* 型紙として使えば、手作り感もアップ!
* 塗り絵にすると、子どもの意識も高まります。
➡ P03の②

きょうのこんだて
P51-01A P51-01B

スプーン・おはし きちんともてるかな?
P51-02A P51-02B

しゅんのやさい
P51-03A P51-03B

P51-04

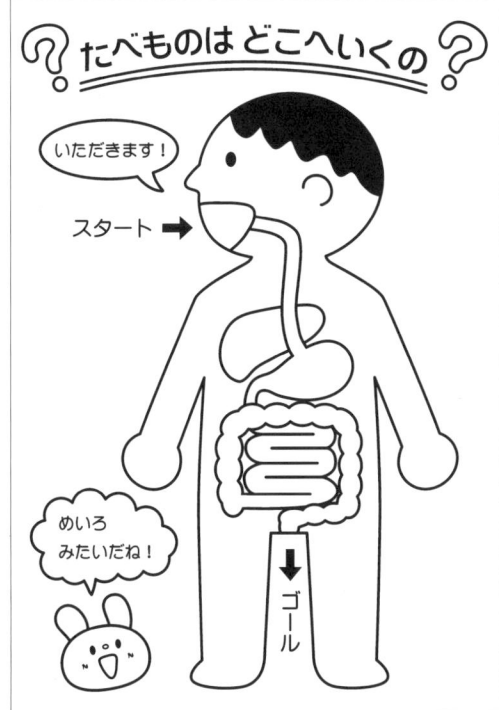

たべものはどこへいくの
いただきます!
スタート→
↓ゴール
めいろみたいだね!
P51-05

P51-06
P51-07 

◀おにぎり(P51-06)とうんち(P51-07)のペープサートを作り、食べた物がうんちになるまでのようすを知らせると、わかりやすいでしょう。

なんでも たべよう!
きいろグループ あかグループ
みどりグループ
よくかもう げんきもりもり
P51-08

※ファイル名が2種類あるものについては、P00-00Aは文字あり、P00-00Bは文字なしのイラストがCD-ROMに入っています。

P33-P80 monokuro → P48-P74 hoiku → P51

保育のデザイン

51

手洗い・うがいの掲示物

デザインのヒント
カラーはP16

＊P16のこのコーナーのアイディア必見！
＊型紙として使えば、手作り感もアップ！
＊塗り絵にすると、子どもの意識も高まります。
➡P03の②

てを きれいに あらいましょう

(P52-01A) (P52-01B)

てをあらいましょう
① てのひら
② てのこう
③ ゆびのあいだ
④ ゆびのさきや つめ
⑤ おやゆび
⑥ てくび
⑦ みずでながして
⑧ ふく

(P52-04A) (P52-04B)

うがいを しましょう
ブクブクうがい
ガラガラうがい

(P52-02A) (P52-02B)

がらがらうがいを しましょう
① ぶくぶくうがい
② ぺっ
③ がらがらうがい
④ ぺっ
⑤ がらがらうがい
⑥ ぺっ ばいきんさん さようなら

(P52-05A) (P52-05B)

(P52-03)

みずを きちんと とめましょう

(P52-06A) (P52-06B)

保育のデザイン

52　monokuro → hoiku → P52
P33-P80　P48-P74

歯みがきの掲示物

デザインのヒント
カラーはP17

＊P17のこのコーナーのアイディア必見！
＊型紙として使えば、手作り感もアップ！
＊塗り絵にすると、子どもの意識も高まります。
➡P03の②

◀ (P73-05)のコップ、(P73-06)の歯ブラシ、(P53-02)のばい菌を使って、みんなでみがく練習をしてもいいですね（P65も参照）。

(P53-01A)(P53-01B)

(P53-02)

(P53-03A)(P53-03B)

(P53-04)

(P53-05)

保育のデザイン

※ファイル名が2種類あるものについては、(P00-00A)は文字あり、(P00-00B)は文字なしのイラストがCD-ROMに入っています。

P33-P80 monokuro → P48-P74 hoiku → P53

53

排せつ・トイレの掲示物

デザインのヒント
カラーはP18・19

＊P18・19のこのコーナーのアイディア必見！
＊型紙として使えば、手作り感もアップ！
＊塗り絵にすると、子どもの意識も高まります。
→P03の②

わしき といれ
P54-01A　P54-01B

おとこのこよう といれ
P54-02A　P54-02B

ようしき といれ
P54-03A　P54-03B

みずを ながそう
P54-04A　P54-04B

といれの おやくそく　うんち／おしっこ をしたら
① おしりを ふこう
② みずを ながそう　うんち バイバイ
③ てを あらおう
④ てを ふこう
P54-05A　P54-05B

保育のデザイン

54　P33-P80 monokuro → P48-P74 hoiku → P54

わしきといれの つかいかた

①うしろにたち すこしずつ まえにすすむ

②またいで しゃがむ

(P55-01A) (P55-01B)

といれっとぺーぱーの ちぎりかた

①てとおなじ ながさで ひっぱりだす

②てにもって 2かいまく

③うえをおさえて ちぎる

(P55-02A) (P55-02B)

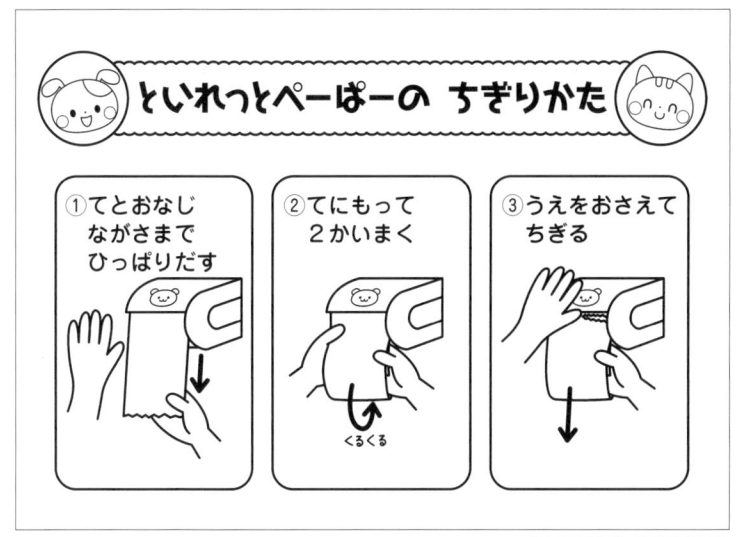

スリッパを そろえましょう

(P55-03A) (P55-03B)

▲検便や検尿のお知らせにも！ (P55-04)

(P55-05)

保育のデザイン

※ファイル名が2種類あるものについては、(P00-00A)は文字あり、(P00-00B)は文字なしのイラストがCD-ROMに入っています。

P33-P80 monokuro → P48-P74 hoiku → P55

生活習慣のイラスト（食事）

デザインのヒント
* 保護者へのお手紙で、わかりやすくお知らせ。
* 目に留まるところにはって子どもたちの意識づけに。
* 食育のデザインに。→P03の②

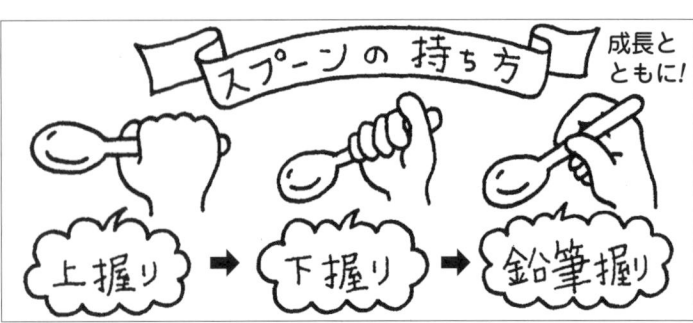

スプーンの持ち方 — 成長とともに！
上握り → 下握り → 鉛筆握り

器の持ち方
器に手を添える／器を両手で持つ／器を片手で持つ

はしの持ち方
鉛筆持ちをする／もう一本のはしを下から差し込む／下のはしを固定し上だけ動かす

(P57-01) (P57-02) (P57-03) (P57-04)

いただきます

(P57-05) (P57-06) (P57-07)

(P57-08) (P57-09) (P57-10)

主食　副菜

お弁当は冷ましてから
ふたをしましょう

主菜

(P57-11) (P57-12) (P57-13)

保育のデザイン

生活習慣のイラスト（清潔）

デザインのヒント
＊手洗い・うがい・歯みがきなどの指導に。
＊ポスターや壁面にして、子どもの目に留まるところにはってもＯＫ！→P03の②

あのくち　　　いのくち　　　おのくち

P58-01　　P58-02　　P58-03
P58-04　　P58-05　　P58-06
P58-07　　P58-08　　P58-09
P58-10　　P58-11　　P58-12

保育のデザイン

58　monokuro P33-P80 → hoiku P48-P74 → P58

つめ、きったよ

P59-01   P59-02   P59-03
P59-04   P59-05   P59-06
P59-07   P59-08   P59-09
P59-10   P59-11   P59-12

保育のデザイン

P33-P80 monokuro → P48-P74 hoiku → P59

59

生活習慣のイラスト（排せつ）

デザインのヒント
※排せつの指導を保護者にもわかりやすくお知らせ。
※子どもの目の留まるところにはって、子どもたちの意識づけに。カードやペープサートにしてもOK！
→P03の②

(P60-01) 　(P60-02) 　(P60-03)
(P60-04) 　(P60-05) 　(P60-06) 
(P60-07) 　(P60-08) 　(P60-09) 
(P60-10) 　(P60-11) 　(P60-12) 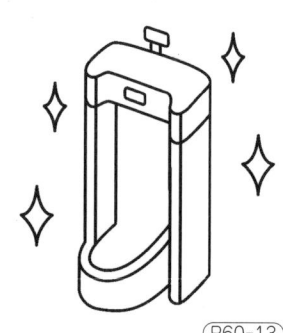　(P60-13) 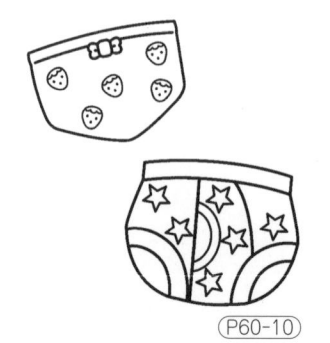

保育のデザイン

60　P33-P80 monokuro → P48-P74 hoiku → P60

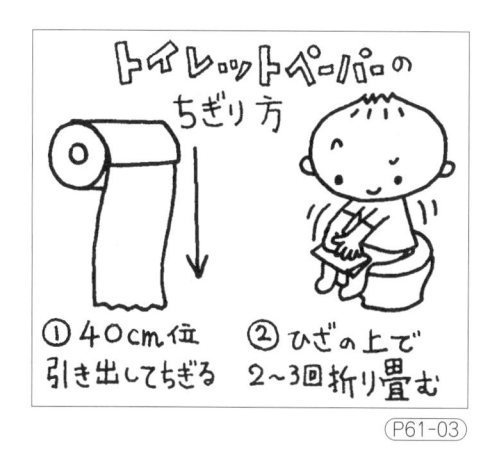

トイレットペーパーのちぎり方

① 40cm位引き出してちぎる
② ひざの上で2〜3回折り畳む

●きをつけよう●

「おしりをつけないでね」

「すわっちゃだめだよ!」

保育のデザイン

生活習慣のイラスト（着脱）

デザインのヒント
※家庭でも取り組めるように、プリントして渡しても。
※ポスター・カード・ペープサートにして、子どもたちの意識づけに。→P03の②

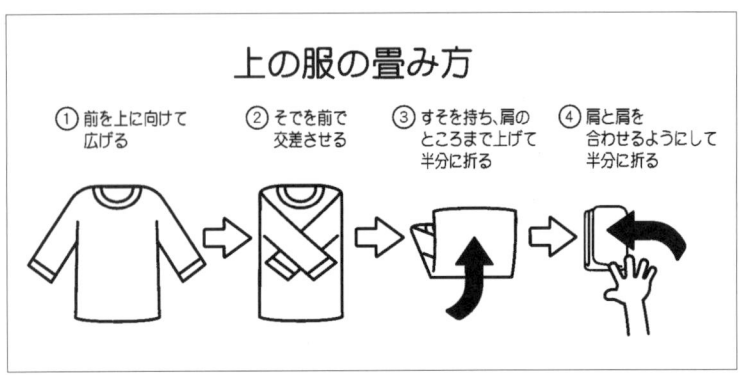

上の服の畳み方
① 前を上に向けて広げる
② そでを前で交差させる
③ すそを持ち、肩のところまで上げて半分に折る
④ 肩と肩を合わせるようにして半分に折る

(P62-01)

(P62-02)

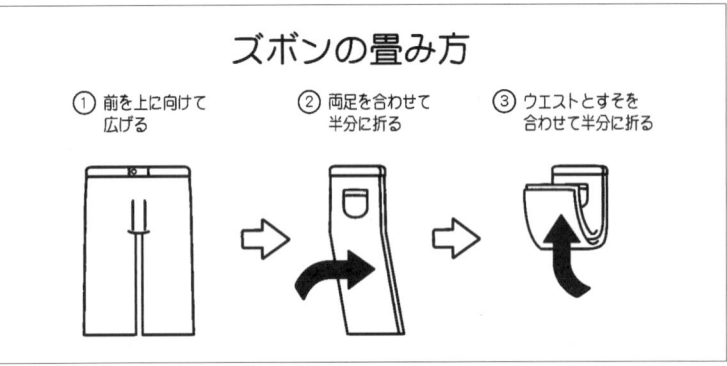

ズボンの畳み方
① 前を上に向けて広げる
② 両足を合わせて半分に折る
③ ウエストとすそを合わせて半分に折る

(P62-03)

(P62-04)

上の服の着方
① 服のすそを持ち上げて頭を入れる
② 片方ずつ手を入れてそでを引っ張る

(P62-05)

上の服の脱ぎ方
① そで口を引っ張りながらうでを中に入れて抜く
② すそを肩まで上げて両手で首周りを持ち上げる

(P62-06)

(P62-07)

(P62-08)

(P62-09)

P63-01　P63-02　P63-03　P63-04

P63-05　P63-06　P63-07

P63-08　P63-09　P63-10

P63-11　P63-12　P63-13

保育のデザイン

monokuro P33-P80 → hoiku P48-P74 → P63

63

生活習慣のイラスト（睡眠）

デザインのヒント
＊保護者にも睡眠の大切さを伝える環境づくり、ポスターなどに。→P03の②
＊子どもへは、ペープサートにしてもOK！

(P64-01) 　(P64-02) 　(P64-03)
(P64-04) 　(P64-05) 　(P64-06) 
(P64-07) 　(P64-08) 　(P64-09) 
(P64-10) 　(P64-11) 　(P64-12) 

おきますよ

保育のデザイン

64　P33-P80 monokuro → P48-P74 hoiku → P64

生活習慣のイラスト（健康）

デザインのヒント
* 壁面やカードにして、子どもが興味を持つきっかけに。→P03の②
*「○○の中は、どうなっているのかな？」ポスターに。

P65の医学監修：鈴木 洋（小児科医）

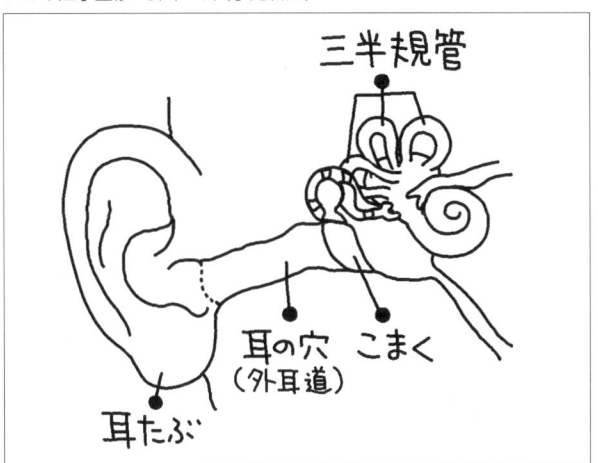

耳の構造
- 三半規管
- 耳の穴（外耳道）
- こまく
- 耳たぶ

(P65-01A) (P65-01B)

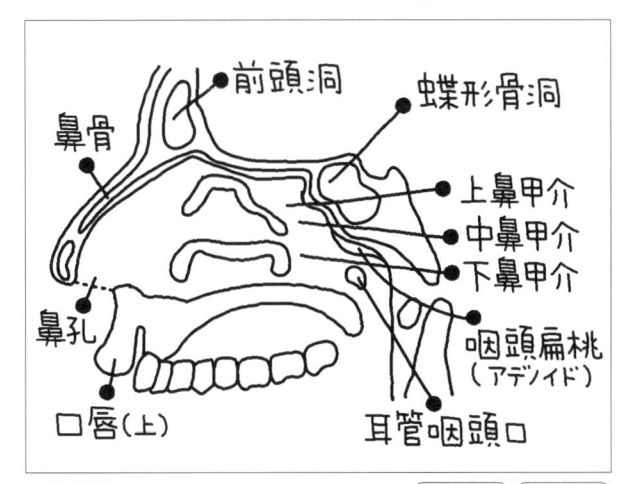

鼻の構造
- 前頭洞
- 蝶形骨洞
- 鼻骨
- 上鼻甲介
- 中鼻甲介
- 下鼻甲介
- 鼻孔
- 咽頭扁桃（アデノイド）
- 口唇（上）
- 耳管咽頭口

(P65-02A) (P65-02B)

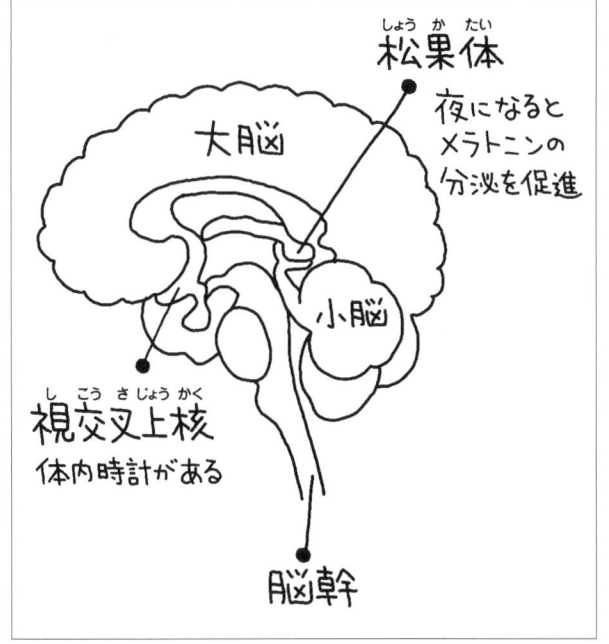

脳の断面『生活リズム改善ガイド』（鈴木みゆき・編著、ひかりのくに・刊）P23より
- 松果体（しょうかたい）　夜になるとメラトニンの分泌を促進
- 大脳
- 小脳
- 視交叉上核（しこうさじょうかく）　体内時計がある
- 脳幹

(P65-03A) (P65-03B)

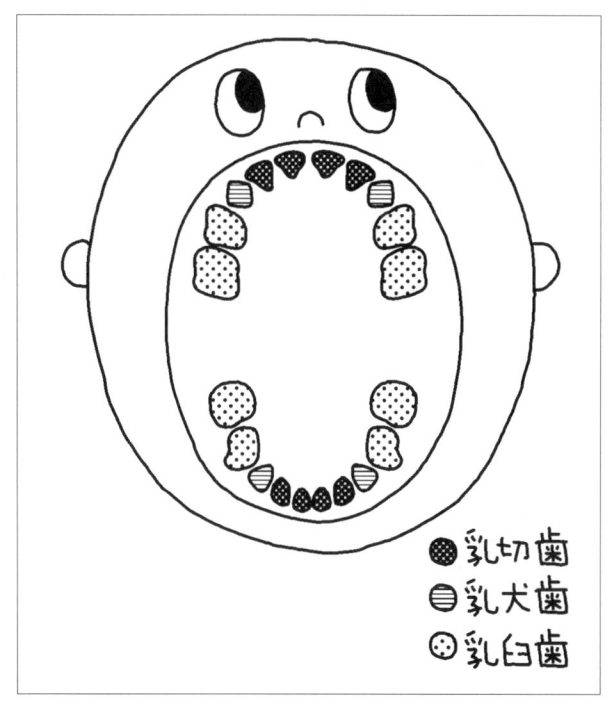

子どもの歯の並び（P17・P53も参照）
- 乳切歯
- 乳犬歯
- 乳臼歯

(P65-04A) (P65-04B)

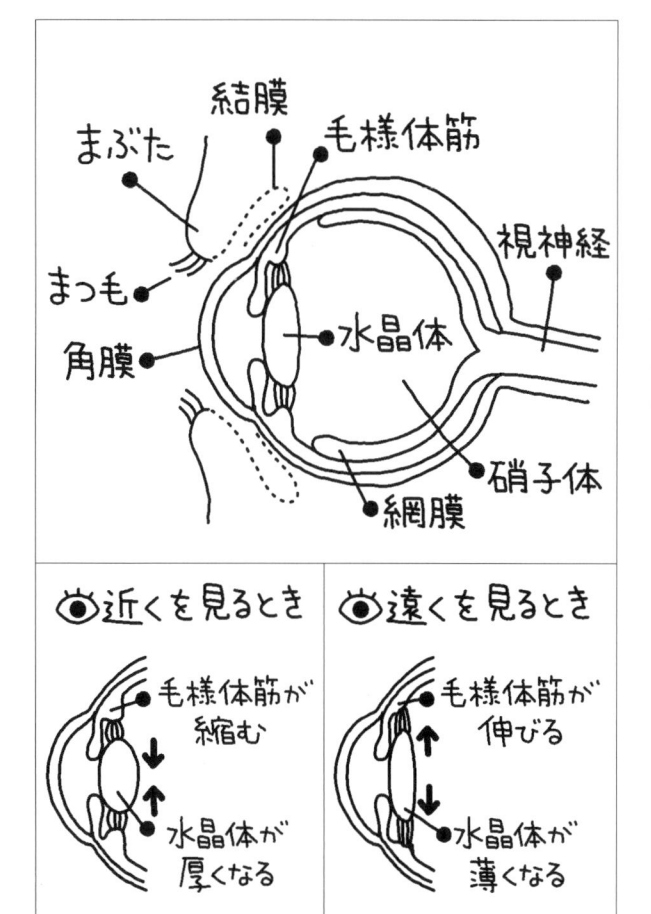

目の構造
- まぶた
- 結膜
- 毛様体筋
- まつ毛
- 視神経
- 角膜
- 水晶体
- 硝子体
- 網膜

近くを見るとき
- 毛様体筋が縮む
- 水晶体が厚くなる

遠くを見るとき
- 毛様体筋が伸びる
- 水晶体が薄くなる

(P65-05A) (P65-05B)

※ファイル名が2種類あるものについては、(P00-00A)は文字あり、(P00-00B)は文字なしのイラストがCD-ROMに入っています。

生活習慣のイラスト（標語）

デザインのヒント
＊保護者にわかりやすく、楽しくお知らせ。
＊拡大して色を塗り、園内掲示物などに。→P03の②

早寝早起き　生活リズムを整えましょう　朝ごはんを食べよう　排便をしましょう
(P66-01)

歯をみがこう！ 
(P66-02)

つめを切りましょう 
(P66-03)

薄着を心がけましょう
(P66-04)

足に合った靴をはきましょう 
(P66-05)

持ち物には名前を書きましょう
(P66-06)

毎朝、健康チェック 
(P66-07)

交通ルールを守りましょう
(P66-08)

安全運転をしましょう 
(P66-09)

あいさつをしましょう 
(P66-10)

保育のデザイン

行事の表示イラスト

デザインのヒント
＊運動会や発表会など、行事のときの案内表示に。
＊色をつけると、よりかわいいデザインに。

- 本部 (P67-01)
- 放送 (P67-02) 
- ビデオ席 (P67-03)
- 受付 (P67-04)
- 救護 (P67-05) 
- 敬老席 (P67-06) 
- 来賓席 (P67-07) 
- 園児席 (P67-08) 
- 保護者席 (P67-09) 
- 未就園児席 (P67-10) 
- 準備物 (P67-11)
- 自転車置場 (P67-12) 
- ベビーカー置場 (P67-13) 
- 駐車場 (P67-14) 
- 駐車禁止 (P67-15) 
- 禁煙 (P67-16) 
- はいらないでね (P67-17) 
- あそばないでね (P67-18) 
- ゴミは持ち帰りましょう (P67-19) 
- おねがい (P67-20) 

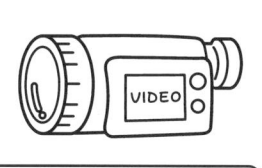

保育のデザイン

動物・昆虫マーク

デザインのヒント
カラーはP20・21

＊P20・21のこのコーナーのアイディア必見！
＊壁面や保育室飾りの型紙としても。
＊劇遊びのお面やペープサートとしても。➡P 03の⑤

P68-01 　P68-02 　P68-03 　P68-04
P68-05 　P68-06 　P68-07 　P68-08 
P68-09 　P68-10 　P68-11 　P68-12 
P68-13 　P68-14 　P68-15 　P68-16 
P68-17 　P68-18 　P68-19 　P68-20 

保育のデザイン

68　P33-P80 monokuro → P48-P74 hoiku → P68

P69-01
P69-02
P69-03
P69-04
P69-05
P69-06
P69-07
P69-08
P69-09
P69-10
P69-11
P69-12
P69-13
P69-14
P69-15
P69-16
P69-17
P69-18
P69-19
P69-20

保育のデザイン

P33-P80 monokuro → P48-P74 hoiku → P69

69

果物・野菜・草花マーク

デザインのヒント カラーはP22・23

＊P22・23のこのコーナーのアイディア必見！
＊「色当てクイズ」(モノクロイラストで質問→カラーイラストで答え合わせ)に。

P70-01　P70-02　P70-03　P70-04
P70-05　P70-06　P70-07　P70-08
P70-09　P70-10　P70-11　P70-12
P70-13　P70-14　P70-15　P70-16
P70-17　P70-18　P70-19　P70-20

保育のデザイン

70　P33-P80 monokuro → P48-P74 hoiku → P70

P71-01	P71-02	P71-03	P71-04
P71-05	P71-06	P71-07	P71-08
P71-09	P71-10	P71-11	P71-12
P71-13	P71-14	P71-15	P71-16
P71-17	P71-18	P71-19	P71-20

保育のデザイン

P33-P80 monokuro → P48-P74 hoiku → P71

乗り物・楽器マーク

デザインのヒント カラーはP24

＊P24のこのコーナーのアイディア必見！
＊型紙として使えば、手作り感もアップ！→P03の①

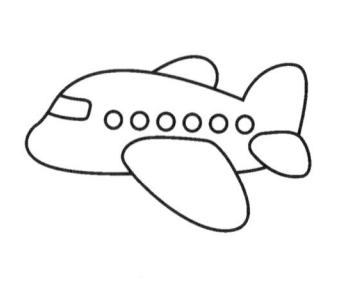

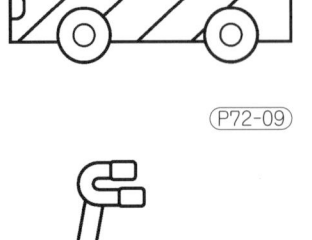

P72-01 　P72-02 　P72-03 　P72-04
P72-05 　P72-06 　P72-07 　P72-08 
P72-09 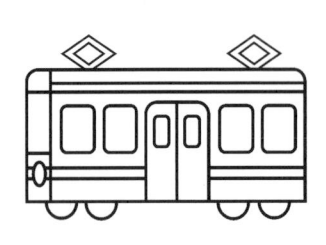　P72-10 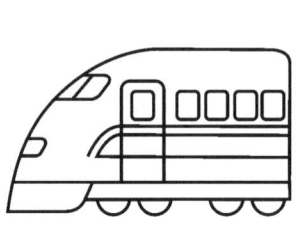 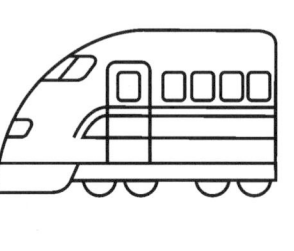　P72-11 　P72-12 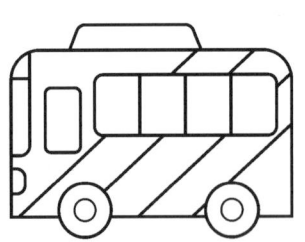
P72-13 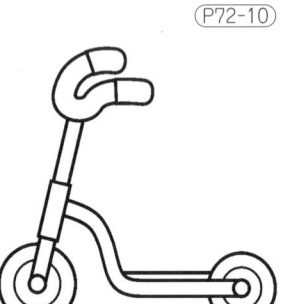 　P72-14　P72-15 　P72-16 
P72-17 　P72-18 　P72-19 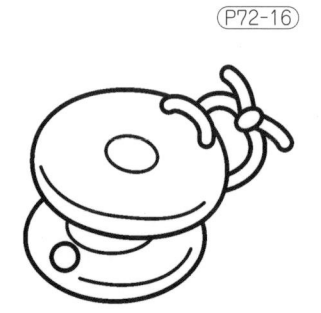　P72-20 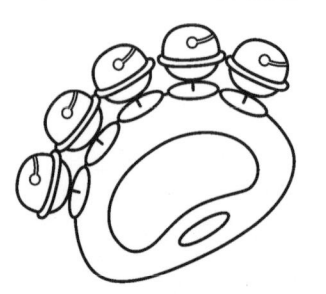

保育のデザイン

monokuro P33-P80 → hoiku P48-P74 → P72

着替え・持ち物マーク

デザインのヒント
カラーはP25

＊P25のこのコーナーのアイディア必見！
＊型紙として使えば、手作り感もアップ！ ➡P03の①

P73-01　P73-02　P73-03　P73-04
P73-05　P73-06　P73-07　P73-08
P73-09　P73-10　P73-11　P73-12
P73-13　P73-14　P73-15　P73-16
P73-17　P73-18　P73-19　P73-20

保育のデザイン

絵画・製作用具、遊具マーク

デザインのヒント カラーはP26

* P26のこのコーナーのアイディア必見!
* 型紙として使えば、手作り感もアップ!
* 子どもが塗り絵→保育者がはる→片づけの意識づけ!
➡ P03の①

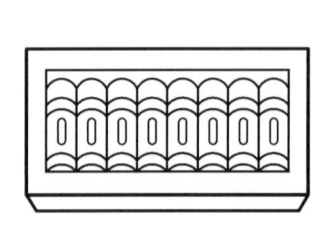

P74-01 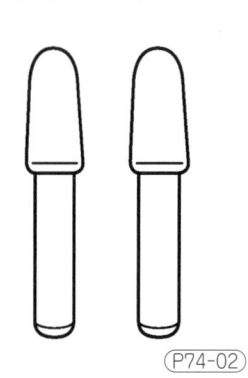　P74-02 　P74-03 　P74-04
P74-05 　P74-06 　P74-07 　P74-08 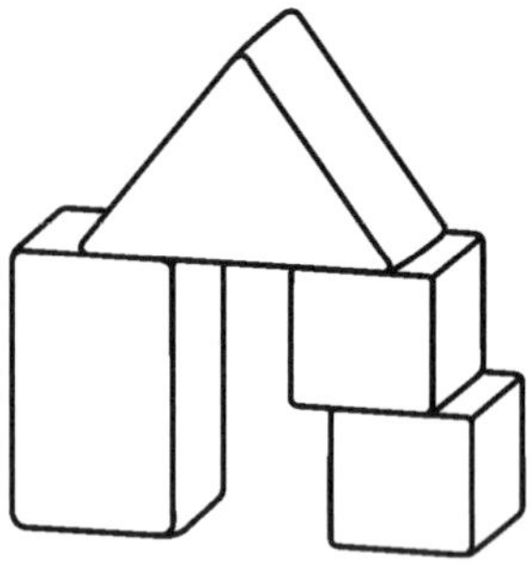
P74-09 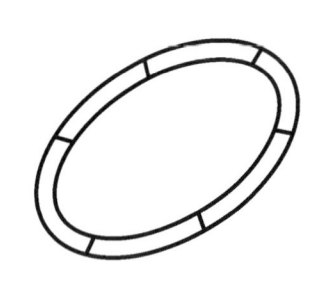　P74-10 　P74-11 　P74-12 
P74-13 　P74-14 　P74-15 　P74-16 
P74-17　P74-18 　P74-19 　P74-20 

保育のデザイン

74　P33-P80 monokuro → P48-P74 hoiku → P74

いつでも使える枠デザイン

デザインのヒント
カラーはP27

*P27のこのコーナーのアイディア必見！
*型紙として使えば、手作り感もアップ！
*賞状やカードの縁取りデザインいろいろ。

→ P03の④

P75-01
P75-02 
P75-03 
P75-04 
P75-05 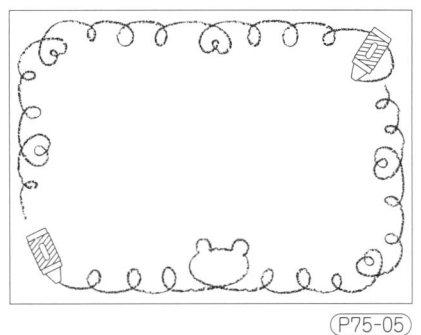
P75-06 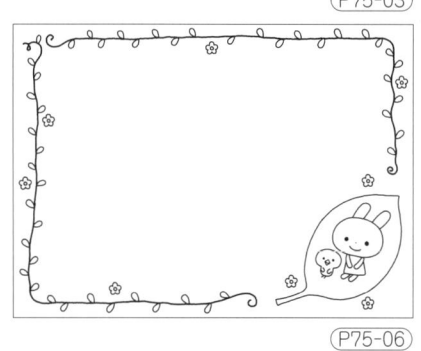
P75-07 
P75-08 
P75-09 
P75-10 
P75-11 
P75-12 
P75-13 
P75-14 
P75-15 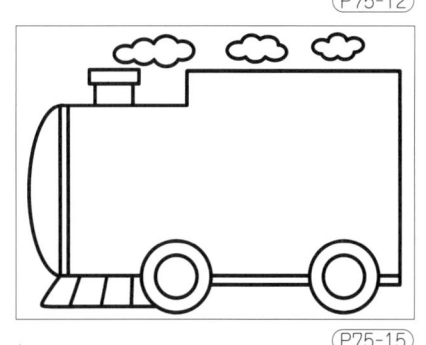

カードのデザイン

P33-P80 monokuro → P75-P80 card → P75

75

季節・行事のメッセージカード

デザインのヒント カラーはP28

＊P28のこのコーナーのアイディア必見！
＊型紙として使えば、手作り感もアップ！
＊年間行事の囲み罫デザインとして。➡P03の④

P76-01 　P76-02 　P76-03 　P76-04
P76-05 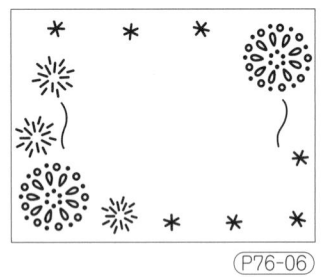　P76-06 　P76-07 　P76-08 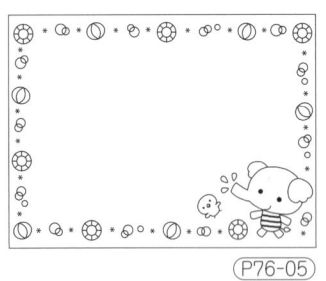
P76-09 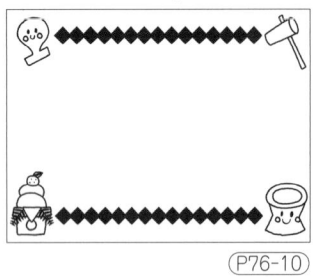　P76-10 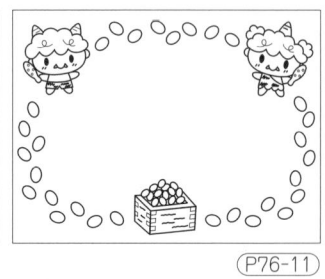　P76-11 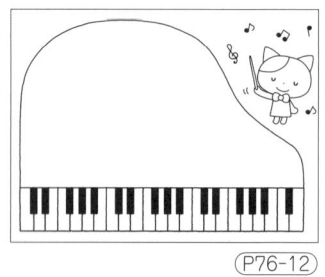　P76-12 
P76-13 　P76-14 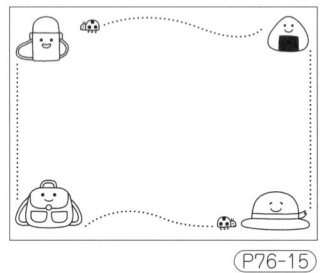　P76-15 　P76-16 
P76-17 　P76-18 　P76-19 　P76-20 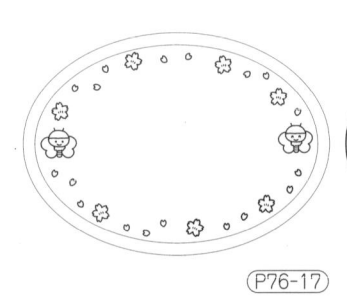

カードのデザイン

76　monokuro P33-P80 → card P75-P80 → P76

お誕生カードデザイン

デザインのヒント カラーはP29

* P29のこのコーナーのアイディア必見！
* 型紙として使えば、手作り感もアップ！
* P77-01 は、年の数だけろうそくに色を塗っても。

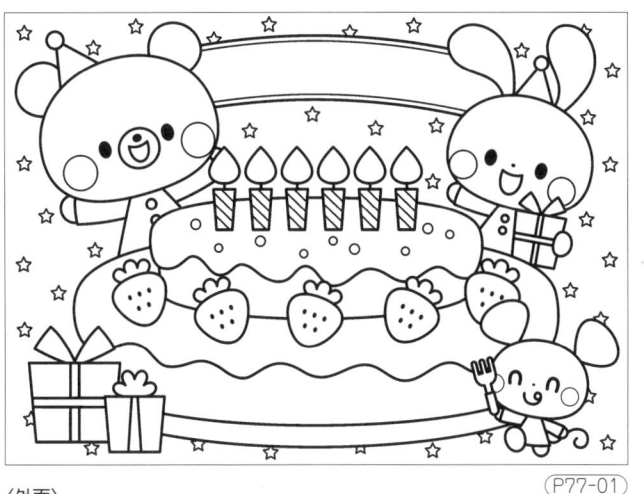

〈外面〉 P77-01

〈中面〉 P77-02A P77-02B

P77-03A P77-03B

P77-04

P77-05A P77-05B ◀外面の表紙 ◀外面の裏表紙

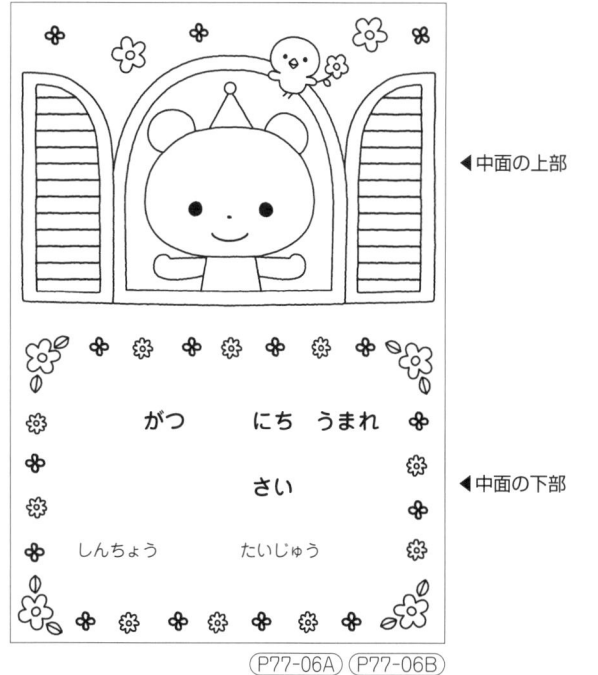

◀中面の上部 ◀中面の下部 P77-06A P77-06B

カードのデザイン

※ファイル名が2種類あるものについては、P00-00Aは文字あり、P00-00Bは文字なしのイラストがCD-ROMに入っています。

P33-P80 monokuro → P75-P80 card → P77

77

暑中・残暑見舞いデザイン

デザインのヒント
カラーはP30

＊P30のこのコーナーのアイディア必見！
＊夏の環境デザインの参考に。

しょちゅうおみまい
もうしあげます

(P78-01A) (P78-01B)

(P78-02)

(P78-03)

(P78-04)

(P78-05)

カードのデザイン

78 monokuro P33-P80 → card P75-P80 → P78

年賀状デザイン

デザインのヒント カラーはP31

* P31のこのコーナーのアイディア必見！
* 冬の環境デザインの参考に。
* ペープサートの型紙にして、十二支のお話に。

➡ P03の⑤

あけまして おめでとう
ことしも げんきに
あそびま しょう
より

(P79-01A) (P79-01B)

あけましておめでとう

(P79-02A) (P79-02B)

あけまして おめでとう ございます

(P79-03A) (P79-03B)

(P79-04)

(P79-05)

(P79-06)

(P79-07) (P79-08) (P79-09) (P79-10) (P79-11)

(P79-12) (P79-13) (P79-14) (P79-15) (P79-16)

※ファイル名が2種類あるものについては、(P00-00A)は文字あり、(P00-00B)は文字なしのイラストがCD-ROMに入っています。

📁P33-P80 monokuro ➡ 📁P75-P80 card ➡ 📁P79

カードのデザイン

79

12か月の数字のデザイン

*P32のこのコーナーのアイディア必見！
*型紙として使えば、手作り感もアップ！
*各種掲示物の月タイトルにも。

デザインのヒント　カラーはP32

P80-01 　P80-02 　P80-03
P80-04 　P80-05 　P80-06 
P80-07 　P80-08 　P80-09 
P80-10 　P80-11 　P80-12 

カードのデザイン

monokuro P33-P80 → card P75-P80 → P80

⚠ CD-ROMをお使いになる前に

ご利用になる前に必ずお読みください！

付属のCD-ROMは、イラストデータ（PNG形式）を収録しています。
付属CD-ROMを開封された場合、以下の事項に合意いただいたものとします。

●動作環境について

本書付属のCD-ROMを使用するには、下記の環境が必要となります。CD-ROMに収録されているイラストは、webブラウザビューア等で表示することができますが、本書では、文字を入れるなど、加工するにあたり、Microsoft Office Word 2010を使って紹介しています。処理速度が遅いパソコンではデータを開きにくい場合があります。
○ハードウェア
　Microsoft Windows XP、Mac OS X 以上
○ソフトウェア
　Microsoft Office Word 2003 または
　Microsoft Word 2011 for Mac 以上
○CD-ROMを再生するにはCD-ROMドライブが必要です。

●ご注意

○本書掲載の操作方法や操作画面は、『Microsoft Windows 7 Professional』上で動く、『Microsoft Office Word 2010』を使った場合のものを中心に紹介しています。
Windows XP、Windows Vista、Mac OS X、Word 2003、Word 2007、Word 2011 for macの操作と大きく異なる場合は、それぞれの操作手順もあわせて紹介していますが、お使いの環境によって操作方法や操作画面が異なる場合がありますので、ご了承ください。
○イラストデータは、200％以上拡大するとギザツキが目だってくることがあります。
○お使いのプリンタやプリンタドライバ等の設定により、本書掲載のイラストと色調が変化する可能性があります。
○お客様が本書付属CD-ROMのデータを使用したことにより生じた損害、障害、その他いかなる事態にも、弊社は一切責任を負いません。
○本書に記載されている内容に関するご質問は、弊社までご連絡ください。ただし、付属CD-ROMに収録されている画像データについてのサポートは行なっておりません。
※Microsoft Windows, Microsoft Office Wordは、米国マイクロソフト社の登録商標です。
※Macintosh, Mac OSは米国アップル社の登録商標です。
※その他記載されている、会社名、製品名は、各社の登録商標および商標です。
※本書では、™、®、©、マークの表示を省略しています。
※本書で紹介しているペイントソフトはMac OSでは使用できません。

●本書掲載イラスト、CD-ROM収録の データ使用の許諾と禁止事項

本書掲載イラストおよびCD-ROM収録のデータは、ご購入された個人または法人・団体が、営利を目的としない社内報、学校新聞、掲示物、園だよりや、私的範囲内の暑中見舞い・年賀状などのカード類には自由に使用することができます。ただし、以下のことを遵守してください。
○他の出版物、企業のPR広告、商品広告、企業・お店のマークなどへの使用や、園児募集ポスター、園バスのデザイン、その他物品に印刷し販促に使用または商品としての販売、インターネットのホームページ（個人的なものも含む）などに使用はできません。無断で使用することは、法律で禁じられています。なお、イラストを変形、または手を加えて上記内容に使用する場合も同様です。
○本書掲載イラスト等、およびCD-ROM収録のデータを複製し、第三者に譲渡・販売・頒布（インターネットを通じた提供も含む）・賃貸することはできません。
（弊社は、本書掲載イラスト、CD-ROM収録のデータすべての著作権を管理しています）

●CD-ROM 取り扱い上の注意

○付属のディスクは「CD-ROM」です。一般オーディオプレーヤーでは絶対に再生しないでください。パソコンのCD-ROMドライブでのみお使いください。
○CD-ROMの裏面に指紋をつけたり、傷をつけたりするとデータが読み取れなくなる場合があります。CD-ROMを扱う際には、細心の注意を払ってお使いください。
○CD-ROMドライブにCD-ROMを入れる際には、無理な力を加えないでください。CD-ROMドライブのトレイに正しくセットし、トレイを軽く押してください。トレイにCD-ROMを正しくのせなかったり、強い力で押し込むと、CD-ROMドライブが壊れるおそれがあります。その場合も一切責任は負いませんので、ご注意ください。

かんたん！CD-ROM 使い方マニュアル

『Word』が未経験でも、このマニュアルを見ればカンタンにイラストを使ったメッセージカードなどが作れます。使いたいイラストが決まったら、付録のCD-ROMに入っているイラストを使って、さっそく作ってみましょう。

ここでは、Windows 7 上で Microsoft Office Word 2010 を使った操作手順を中心に紹介しています。(動作環境については、P81を再度ご確認ください)

※掲載されている操作画面は、お使いの環境によって異なる場合があります。ご了承ください。

CONTENTS

- **基本編 ①** イラストを出力するための「用紙サイズ」・「用紙の向き」を選ぶ ——— 83
- **基本編 ②** CD-ROM からイラストを選んで Word の画面に挿入する ——— 85
- **基本編 ③** イラストを自由に動かせるようにしてレイアウト（配置）する ——— 86
  - ❶ 自由に動かせるようにする ——— 86
  - ❷ 好きな位置に移動する ——— 86
  - ❸ 大きさを変更する ——— 87
  - ❹ コピー（複製）する ——— 87
  - ❺ きれいに並べる ——— 87
  - ❻ 重なり順を変える ——— 88
  - ❼ イラストをグループ化する ——— 88
    - イラストの一部だけを表示する ——— 88
- **基本編 ④** レイアウトした Word ファイルを保存する ——— 89
- **基本編 ⑤** レイアウトした Word ファイルを印刷する ——— 90
- **応用編 ①** レイアウトに文字を入れてみよう！ ——— 91
- **応用編 ②** いろいろな文字と図形をイラストと組み合わせてみよう！ ——— 93
- **応用編 ③** 「ペイント」ソフトを使ってイラストに色を塗ってみよう！ ——— 94

マウスの基本操作

マウスは、ボタンが上にくるようにして、右手ひと差し指が左ボタン、中指が右ボタンの上にくるように軽く持ちます。手のひら全体で包み込むようにして、机の上を滑らせるように上下左右に動かします。

クリック（カチッ）
左ボタンを1回押します。
ファイルやフォルダ、またはメニューを選択したり、「OK」などのボタンを押したりする場合に使用します。

ダブルクリック（カチカチッ）
左ボタンをすばやく2回押す操作です。プログラムなどを起動したり、ファイルやフォルダを開く場合に使用します。

ドラッグ（カチッ…ズー）
左ボタンを押しながらマウスを動かし、移動先でボタンを離す一連の操作をいいます。
文章を選択したり、イラストを移動する場合に使用します。

右クリック（カチッ）
右ボタンを1回押す操作です。
右クリックすると、操作可能なメニューが表示されます。

基本編 ① イラストを出力するための「用紙サイズ」・「用紙の向き」を選ぶ

❶ Word を開く

パソコンのデスクトップ画面にアイコンがある場合はアイコンをダブルクリックします。

Word のアイコン

デスクトップにアイコンが無い場合は、パソコン画面左下にあるスタートボタンをクリック、「すべてのプログラム」をクリック、次の「Microsoft Office」をクリックし表示されるリストの「Microsoft Word 2010」をクリックすると Word が開きます。

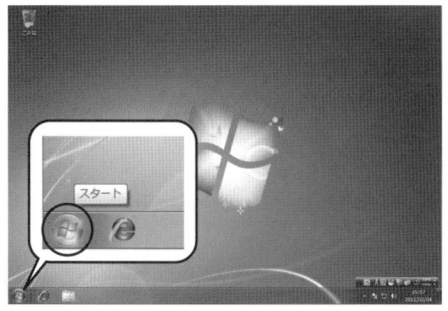

①左下の「スタート」ボタンをクリック

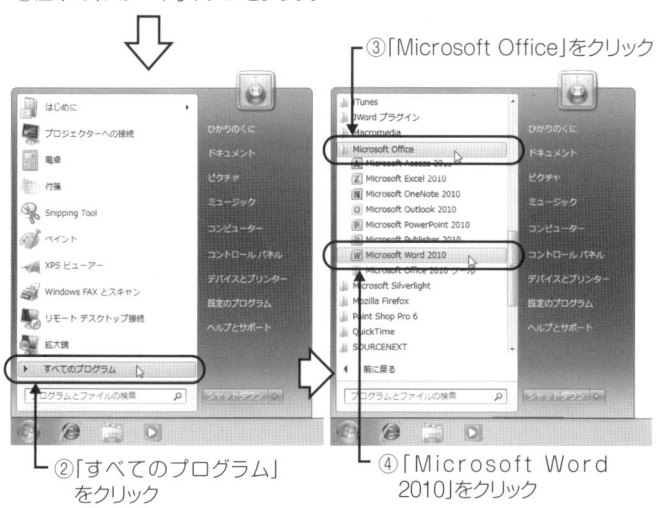

②「すべてのプログラム」をクリック
③「Microsoft Office」をクリック
④「Microsoft Word 2010」をクリック

❷ Word のリボンとタブ

Word で作業するためのコマンド（命令）ボタンが並んでいる領域をリボンと呼びます。リボンは作業別に「タブ」で構成されていて、クリックして切り替えます。各タブは関連する作業ごとにグループ分けされ、各グループのコマンド ボタンをクリックすると、コマンドが実行されるか、またはメニューが表示されます。

タブ　　リボン

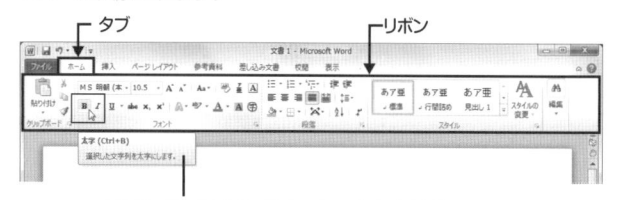

コマンドにマウスポインターをあわせると機能の説明が表示されます

❸ 用紙サイズを設定する

まず、用紙のサイズや向きを設定しましょう。「ページレイアウト」タブの「印刷の向き」や「サイズ」ボタンをクリックして指定します。

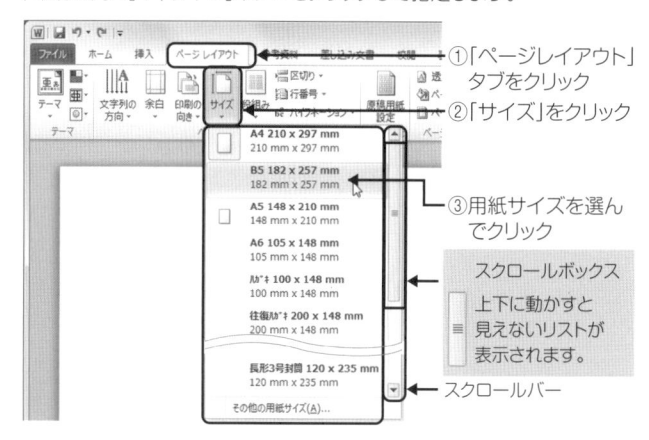

①「ページレイアウト」タブをクリック
②「サイズ」をクリック
③用紙サイズを選んでクリック

スクロールボックス
上下に動かすと見えないリストが表示されます。

スクロールバー

〈別バージョンの場合〉

Word を開く

Windows XP

①「スタート」ボタンをクリック
②「すべてのプログラム」をクリック
③「Microsoft Office」をクリック
④「Microsoft Office Word 2003」をクリック

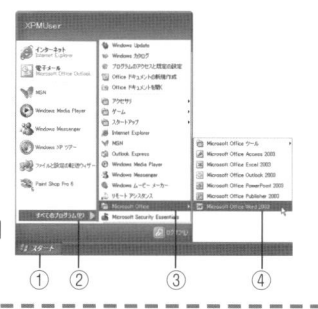

Mac OS X

・「Dock」の Word のアイコンをクリック

「Dock」にアイコンがない場合は
画面左上の「Macintosh HD」→「アプリケーション」
→「Microsoft Office 2011」→「Microsoft Word」をクリック

❸ 用紙の余白を設定する

作成する用紙の中の余白を設定します。

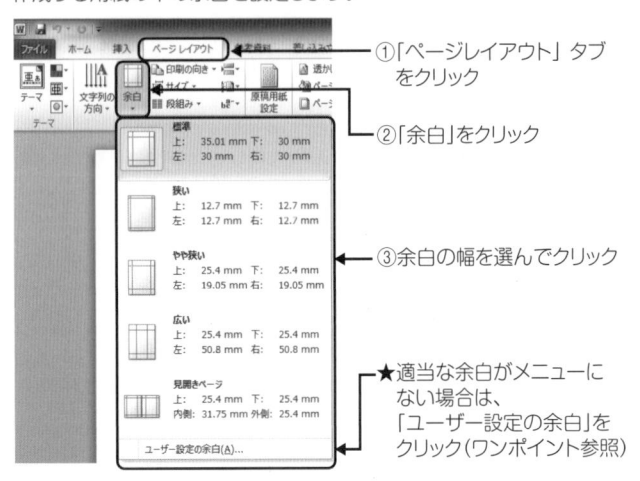

- ①「ページレイアウト」タブをクリック
- ②「余白」をクリック
- ③余白の幅を選んでクリック
- ★適当な余白がメニューにない場合は、「ユーザー設定の余白」をクリック（ワンポイント参照）

〈別バージョンの場合〉

用紙の余白を設定する

2003
Word2003は、「ファイル」メニューから「ページ設定」をクリックすると、「ページ設定」画面が表示されます。「余白」タブで設定します。

Mac 2011 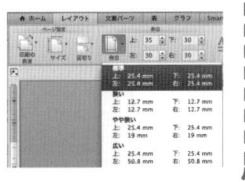
Mac Word2011は、「レイアウト」をクリックします。「余白」をクリックしリストから選択してクリック。

❹ 用紙の向きを設定する

印刷の向きを設定します。

- ①「ページレイアウト」タブをクリック
- ②「印刷の向き」をクリック
- ③「縦」または「横」をクリック

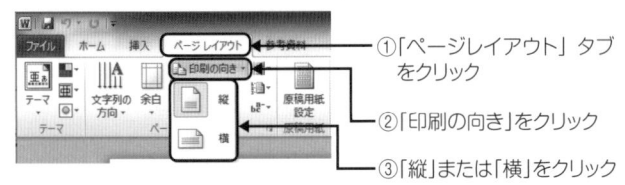

★ここで一度保存しておくとよいでしょう。保存についてはP89をご参照ください。

〈別バージョンの場合〉

用紙の向きを設定する

2003
Word2003は、「ファイル」メニューから「ページ設定」をクリックすると、「ページ設定」画面が表示されます。「余白」タブで「印刷の向き」を設定します。

Mac 2011 
Mac Word2011は、「レイアウト」をクリックします。「印刷の向き」をクリックしリストから選択してクリック。

ワンポイント

いろいろな印刷方法

★フチ（余白）なし印刷：ポスター（P15～19、P51～55）やハガキ（P30～31、P78～79）などを用紙いっぱいに印刷する。

《ページ設定》

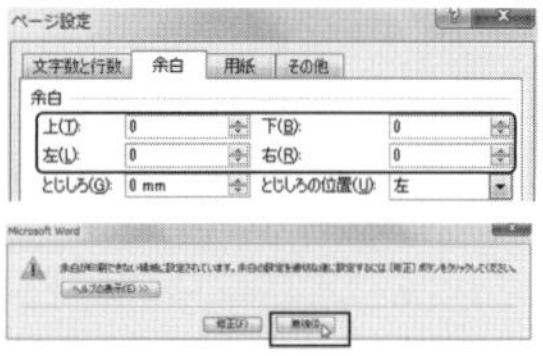

① 左記の「❸用紙の余白を設定する」で、「余白」メニューから「ユーザー設定の余白」を選択します。

② 「ページ設定」画面が表示されるので、「余白」タブをクリックして、右図のように「上下左右」の値を「0（ゼロ）」にして「OK」ボタンをクリックします。

③ 「余白が印刷できない領域…」メッセージが表示されますが、「無視」ボタンをクリックします。

《「プリンターのプロパティ」の設定例》

※プリンターのプロパティは、パソコンに接続しているプリンターによって異なります。お使いのプリンターの説明書をお読みください。

① 「ファイル」タブをクリックして「印刷」を選択し「プリンターのプロパティ」をクリックします。

② 「基本設定」タブで「四辺フチなし」をクリックしてオンにします。（用紙設定は適宜指定します）ハガキなどの場合はこれで設定終了です。「OK」ボタンをクリックして印刷します。

★ポスター印刷

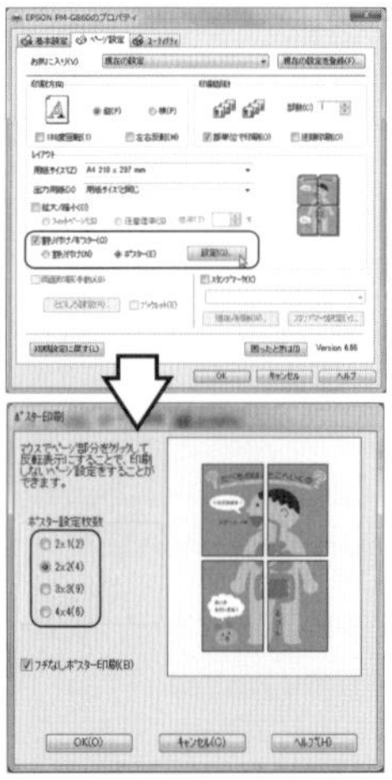

※大きなポスターなど、何枚かで分割して印刷するには、「プリンターのプロパティ」の「ページ設定」をクリックして開きます。

③ 「割り付け / ポスター」の「ポスター」を選択し、「設定」ボタンをクリックします。

④ 「ポスター印刷」の画面が表示されるので、「ポスター設定枚数」を選択して「OK」ボタンをクリックします。これで設定終了です。「OK」ボタンをクリックして印刷します。

★縮小印刷

B4サイズで作成したけど、プリンターがA4までしか対応していない場合などは、Wordの縮小印刷が便利です。

① 「ファイル」タブの「印刷」をクリックします。

② 「1ページ / 枚」ボタンをクリックし、「用紙サイズの指定」を選択して、サブメニューから実際に印刷する用紙サイズを指定します。

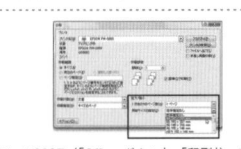

Word 2007（「Officeボタン」→「印刷」）、Word 2003（「ファイル」→「印刷」）は、「印刷」画面の右下にある「拡大 / 縮小」オプション「用紙サイズの指定」で印刷する用紙のサイズを指定します。

基本編 ② CD-ROMからイラストを選んでWordの画面に挿入する

① CD-ROMをパソコンにセットする

付録の CD-ROM をパソコンの CD-ROM ドライブに入れます。
CD-ROM のセット方法は、お使いの機種によって異なりますので、説明書などを参照して正しくセットしてください。下図の「自動再生」画面が表示されたら、右上の「閉じる」ボタンをクリックして閉じます。

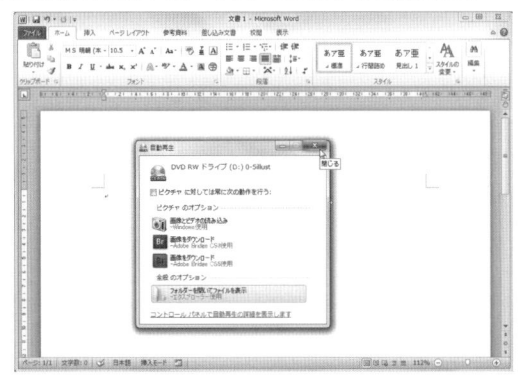

② Wordにイラストを挿入する

次の手順で CD-ROM から Word にイラストを挿入します。

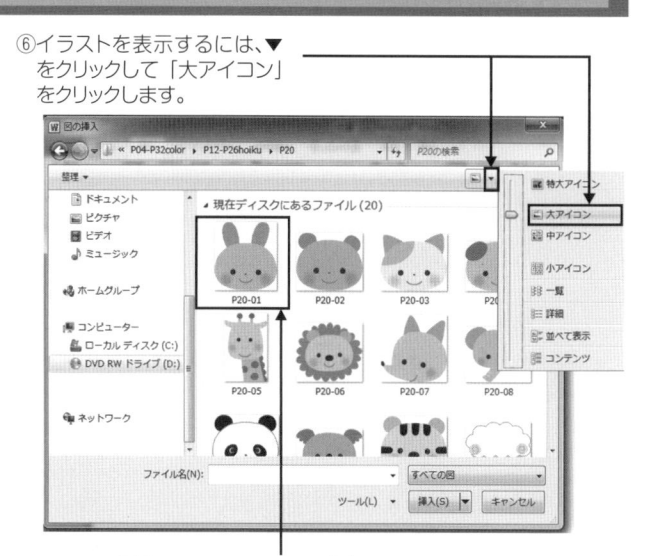

① 「挿入」タブをクリック
② 「図」をクリック
③ 「コンピューター」をクリック
④ CD-ROM「kawaii illust」をダブルクリック
⑤ CD-ROM にあるフォルダをダブルクリック
⑥ イラストを表示するには、▼をクリックして「大アイコン」をクリックします。
⑦ 挿入したいイラストをダブルクリックします。
⑧ イラストが挿入されました。

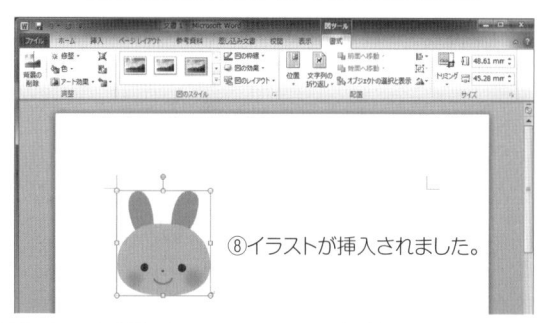

★違うイラストを挿入してしまったときなど、挿入したイラストを消したいときは、イラストをクリックして選択し、キーボードの「Delete」キーを押します。

-〈別バージョンの場合〉- - - - - - - - - - - - - - - - - -

Wordにイラストを挿入する

2007　「図の挿入」画面で、イラストが表示されない時は、ツールバーの「表示」をクリックして「大アイコン」にします。

2003　メニューバーの「挿入」をクリックし、「図」→「ファイルから」を選択、上記③～⑥の操作をすると「図の挿入」画面が表示されます。
★「図の挿入」画面で、イラストが表示されない時は、ツールバーの右端にある「表示」ボタンをクリックして「縮小表示」を選択します。

Mac 2011
「ホーム」タブ「挿入」にある「図」をクリックし、「ファイルからの画像」をクリックします。

基本編 3　イラストを自由に動かせるようにしてレイアウト（配置）する

1 自由に動かせるようにする

イラストを挿入しただけでは、画面上で自由に動かすことができません。好きな位置にイラストを移動できるように設定します。

① イラストをクリック
② 「書式」タブをクリック
③ 「文字列の折り返し」をクリック 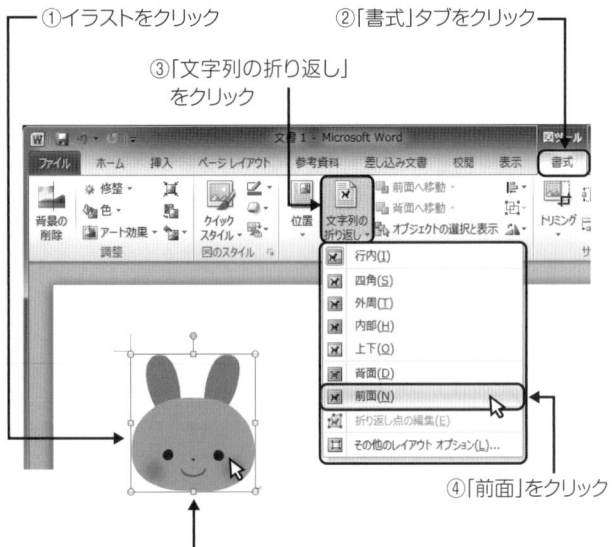
④ 「前面」をクリック

クリックすると○や□の付いた線でイラストが囲まれ選択されます。

〈別バージョンの場合〉
文字列の折り返し設定

W 2003　Word2003は、「テキストの折り返し」と呼びます。イラストをクリックすると、「図」ツールバーが表示されます。
★イラストをダブルクリックすると「図の書式設定」画面が表示されるので「レイアウト」タブをクリックして「前面」を選ぶこともできます。

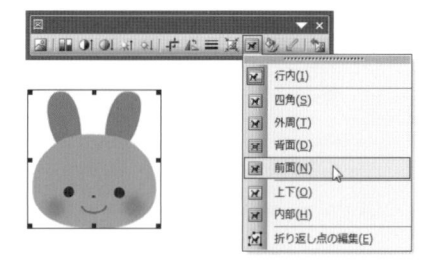

W Mac 2011　Mac Word2011は、「図の書式設定」をクリックすると、「文字列の折り返し」が表示されます。リストから「テキストの前面へ移動」をクリック。

ワンポイント

★「文字列の折り返し」って何ですか？

「文字列の折り返し」は、挿入したイラスト（図）と、画面に入力した文字列（テキスト）との関係を設定するものです。

- 【行内】：イラストを文字列の行内に配置します。（挿入した際の初期設定はこの状態）
- 【四角】：文字列がイラストの周囲を四角く囲むように配置されます。
- 【外周】：文字列がイラストの外側の輪郭に沿って配置されます。
- 【内部】：イラストの内部にも文字列が配置できます。
- 【上下】：文字列がイラストの上下に分かれて配置されます。
- 【背面】：イラストが文字列の背面に配置されます。
- 【前面】：イラストが文字列の前面に配置されます。

2 好きな位置に移動する

イラストを好きな位置に移動します。

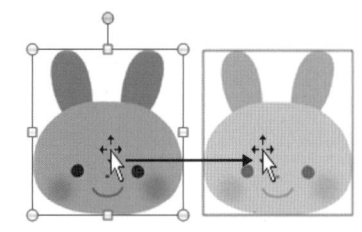

① イラストをクリック
② イラストをクリックすると、ポインタの形が変わります。
マウスボタンを押したまま移動したい位置へドラッグ。

★水平移動や垂直移動をする場合は、キーボードの「Shift」キーを押しながら動かします。微調整はキーボードの矢印キー↑↓→←を使って移動することができます。

❸ 大きさを変更する

イラストをクリックして選択し、四隅の○マークのひとつをドラッグすると大きさを変えることができます。

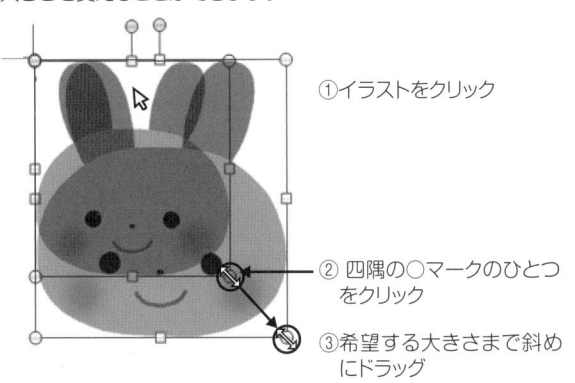

①イラストをクリック

② 四隅の○マークのひとつをクリック

③希望する大きさまで斜めにドラッグ

ワンポイント

★イラストをクリックして表示されるマークは、マウスポインタを合わせる位置によって表示が変わり、できることが変わります。

- 四隅の○に合わせてクリックし、動かすと縦横の比率を保ったまま拡大・縮小ができます。
- 上下の□に合わせてクリックし、動かすと横幅を保ったまま縦幅が変更できます。 
- 左右の□に合わせてクリックし、動かすと縦幅を保ったまま横幅が変更できます。 
- 上方突き出た位置にある緑色の○に合わせてドラッグすると、イラストを回転することができます。 

❹ コピー（複製）する

キーボードとマウスを使ってコピー（複製）できます。

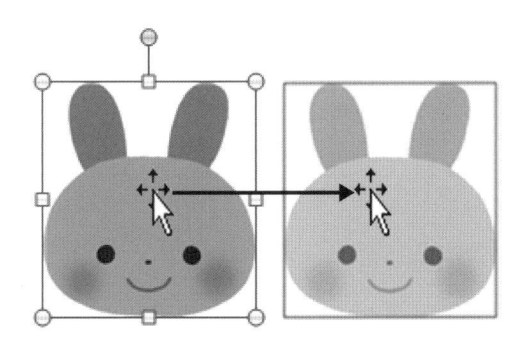

イラストをクリックすると、ポインタの形が変わります。
「Ctrl」キーを押しながらコピーしたい位置へドラッグします。

★たくさんコピー（複製）したいときは、同じ操作を繰り返します。

ワンポイント

★マウスの右クリックを使ってもコピー（複製）できます。

①イラストを選択して右クリック

②操作メニューの画面が表示されるので「コピー」をクリック

③コピーしたい位置で右クリックしてメニューを表示します

④メニューの貼り付けのオプション下にある マークをクリック

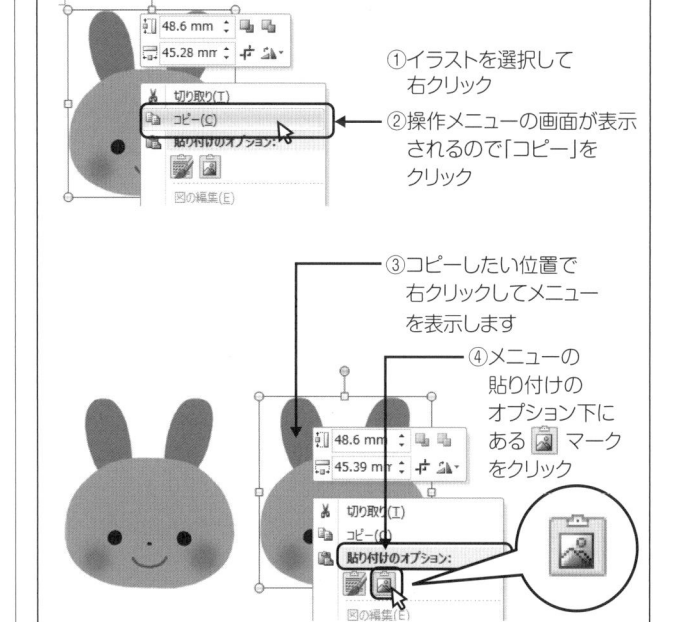

★貼り付けたイラストは「文字列の折り返し」が「行内」になるので「前面」に指定しましょう。（P86参照）

❺ きれいに並べる

複数のイラストをきれいに整列させることができます。

①「Shift」キーを押したまま整列させたいイラストを順番にクリック

②「図ツール」の「書式」タブをクリック

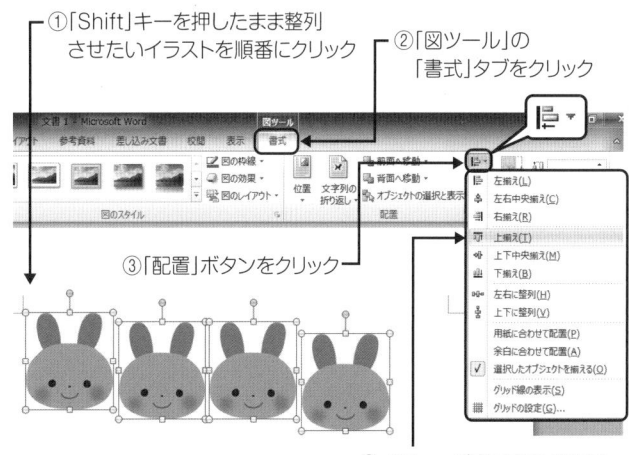

③「配置」ボタンをクリック

④メニューが表示されるので今回は「上揃え」を選択

⑤「上揃え」でキレイに並べることができました。

❻ 重なり順を変える

配置したイラストの重なっている順番を変えることができます。

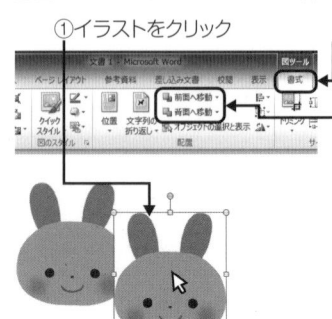

①イラストをクリック

②「図ツール」の「書式」タブをクリック

③「前面へ移動」は重なっているイラストより前面に表示させる時に選択
「背面へ移動」は重なっているイラストより背面に表示させる時に選択

❼ イラストをグループ化する

Wordでは、複数のイラストをひとまとまりにすることを"グループ化する"といいます。

①グループ化したい複数のイラストを「Shift」キーを押しながらクリック

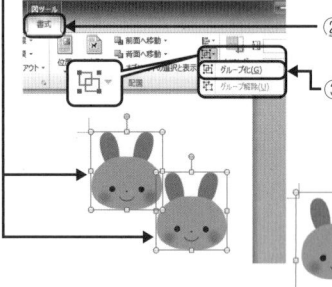

②「図ツール」の「書式」タブをクリック

③「グループ化」ボタンをクリックすると下にリストが表示されるので「グループ化」をクリック

★グループ化したイラストを元に戻すときは、「グループ解除」をクリック

★イラスト（図）とテキストボックスもグループ化できます。テキストボックスについてはP.91を参照ください。

〈別バージョンの場合〉

イラストをグループ化する

2007　Word 2007 では、上記の方法ではグループ化できません。次のいずれかの方法でグループ化してください。

・いったん「名前を付けて保存」で「Word97-2003文書」形式で保存し、「互換モード」にして作業します。

・Word 2007 は「描画キャンバス」内でのみグループ化できます。
最初に「挿入」タブの「図形」をクリックし、メニューから「新しい描画キャンバス」を選択します。描画キャンバスを選択した状態でイラストを挿入し、グループ化します。

ワンポイント

★1つのイラストの中に複数の絵がある場合、一部だけを表示することができます。

イラストには連続して帯状になっているものや、複数の絵が付いているものがあります。これらのイラストの一部だけを切り取って表示させることができます。この操作を「トリミング」といいます。

今回は、2枚のシャツが描かれたイラストの、ヒマワリの絵のシャツだけを表示させるトリミングを行ないます。

①トリミングしたいイラストを挿入しクリック

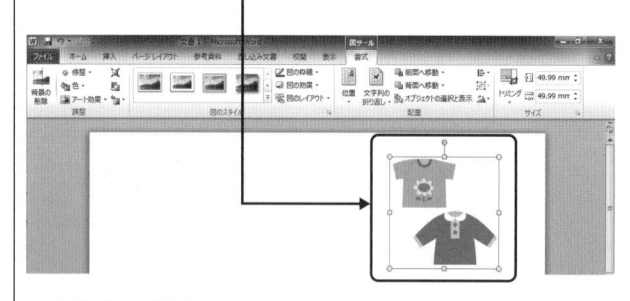

②「書式」タブをクリック

③「トリミング」をクリック

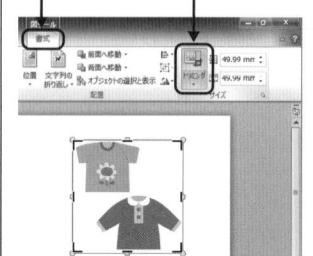

「図ツール」の「書式」タブの「トリミング」ボタンをクリックすると、イラストの周りに黒い線が表示されます。

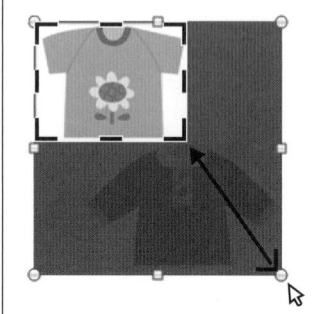

④イラストの右下の ⌐ にマウスポインタを合わせてドラッグするとトリミングができます。

トリミングする範囲が暗く表示されます。

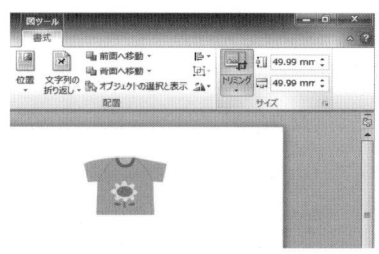

⑤範囲外をクリックしてトリミング完了！

基本編 ④ レイアウトした Word ファイルを保存する

名前を付けて保存する

作成したデータは名前を付けて保存をします。

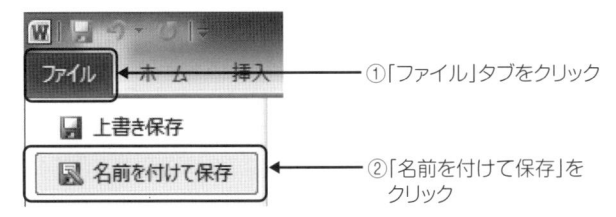

①「ファイル」タブをクリック

②「名前を付けて保存」をクリック

「名前を付けて保存」の画面が表示されます。
今回は、左に表示されている「ドキュメント」の中に保存します。

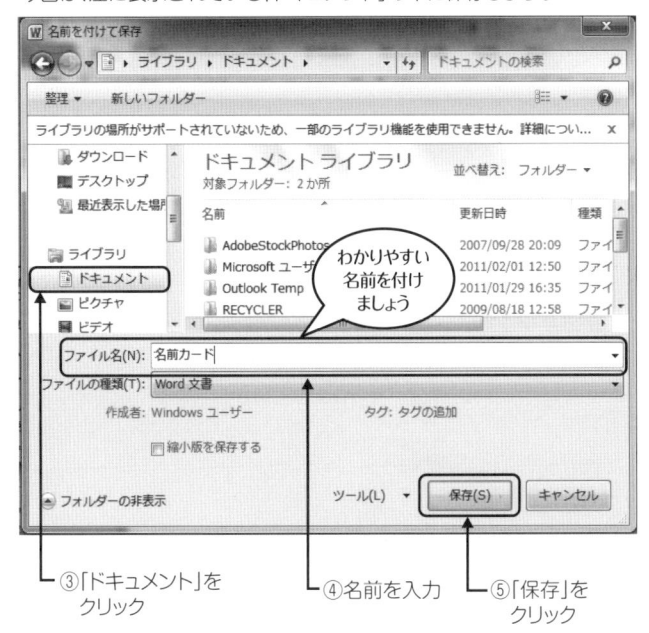

わかりやすい
名前を付け
ましょう

③「ドキュメント」をクリック
④名前を入力
⑤「保存」をクリック

〈別バージョンの場合〉

名前を付けて保存する

2007

①Office ボタンをクリック

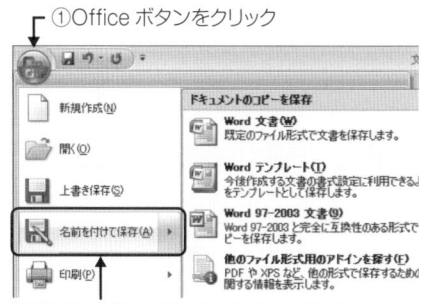

②「名前を付けて保存」をクリックすると「名前を付けて保存」の画面が表示されます。

2003

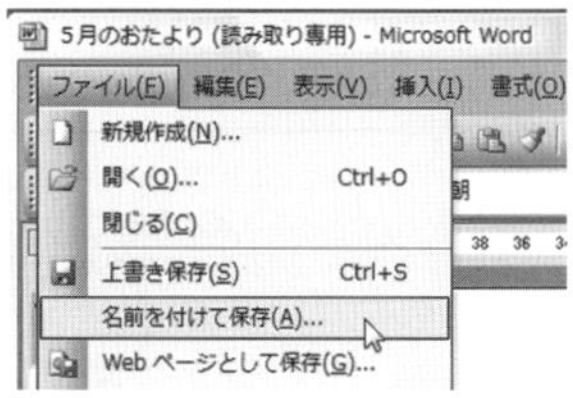

①「ファイル」メニューの「名前を付けて保存」をクリックします。

②「名前を付けて保存」の画面が表示されるので、「ファイル名」ボックスに名前を入力します。保存場所を指定して「保存」ボタンをクリックします。

Mac 2011

①「ファイル」メニューの「名前を付けて保存」をクリックすると、右図の画面が表示されるので、「名前」にファイル名を入力します。

②保存場所を指定して「保存」ボタンをクリックします。

ワンポイント

★保存したファイルの場所がわからなくなったら…

スタートメニューの「検索ボックス」を利用しましょう。

①「スタート」ボタンをクリックします。

②「スタート」ボタンのすぐ上の「検索」ボックスに、ファイル名や入力した文字を入力します。

③入力直後に検索結果が表示されます。

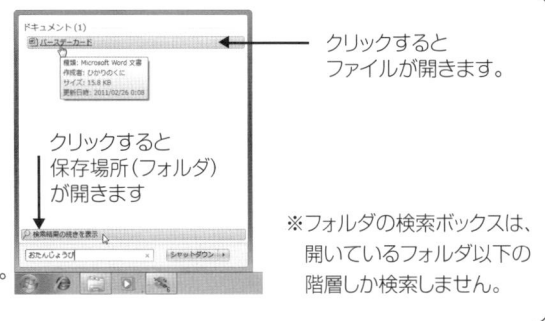

クリックするとファイルが開きます。

クリックすると保存場所（フォルダ）が開きます

※フォルダの検索ボックスは、開いているフォルダ以下の階層しか検索しません。

89

基本編 ⑤ レイアウトした Word ファイルを印刷する

① 印刷のできあがりを確認する

印刷する前に、印刷される状態を確認します。
まず、印刷設定画面を表示します。

①「ファイル」タブをクリック

印刷設定画面の右側に印刷プレビュー（印刷できあがり）画面が表示されます。

②「印刷」をクリック
③プレビュー画面で確認

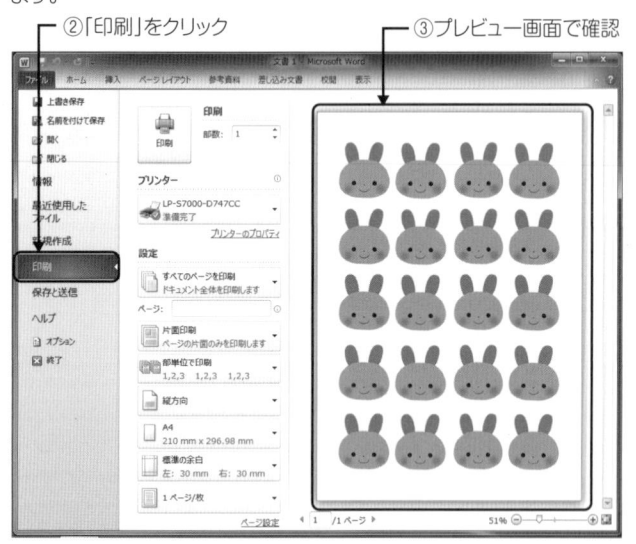

②印刷する

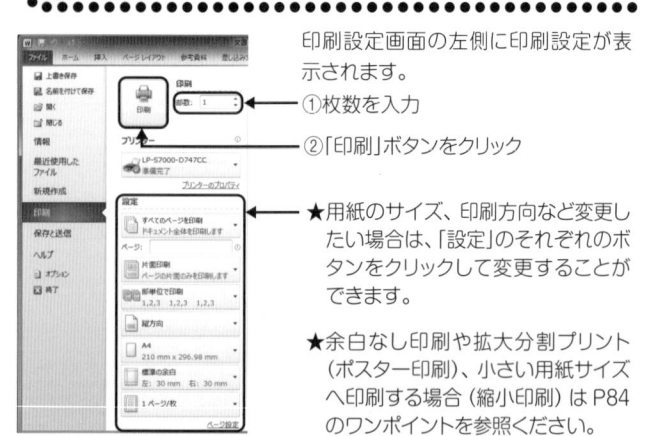

印刷設定画面の左側に印刷設定が表示されます。
①枚数を入力
②「印刷」ボタンをクリック

★用紙のサイズ、印刷方向など変更したい場合は、「設定」のそれぞれのボタンをクリックして変更することができます。

★余白なし印刷や拡大分割プリント（ポスター印刷）、小さい用紙サイズへ印刷する場合（縮小印刷）は P84 のワンポイントを参照ください。

〈別バージョンの場合〉

印刷のできあがりを確認する

Word 2007

①「Office ボタン」をクリックし「印刷」→「印刷プレビュー」を選択すると「印刷プレビュー」画面が開きます。
②下図のような「印刷プレビュー」画面が表示されます。
印刷するには「印刷」ボタンをクリックします。
編集画面に戻る場合は「印刷プレビューを閉じる」をクリックします。

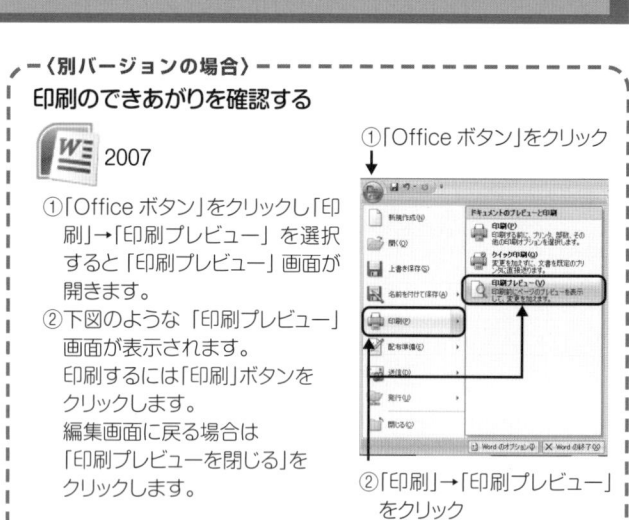

①「Office ボタン」をクリック
②「印刷」→「印刷プレビュー」をクリック

印刷　　　閉じる

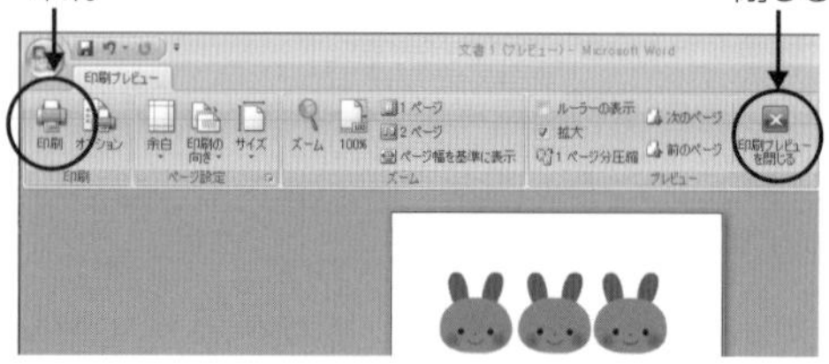

Word 2003

「標準」ツールバーの「印刷プレビュー」ボタンをクリックするか、「ファイル」メニューの「印刷プレビュー」を選択します。

「印刷プレビュー」ボタン

Word Mac 2011

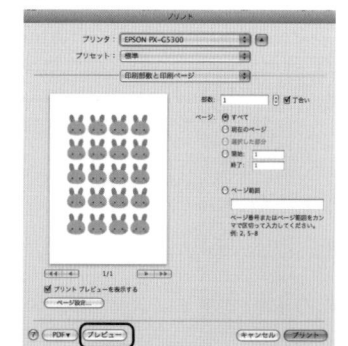

「印刷プレビュー」で印刷イメージを確認するには、ツールバーにある「ファイル」から「プリント」をクリックするとプリントの画面が表示されます。
左下の「プレビュー」をクリックすると印刷イメージが表示されます。

「印刷プレビュー」ボタン

応用編 1　イラストに文字を入れてみよう！

1. Word を開いて用紙サイズを設定する

Wordを開いて用紙設定をします（P83参照）。

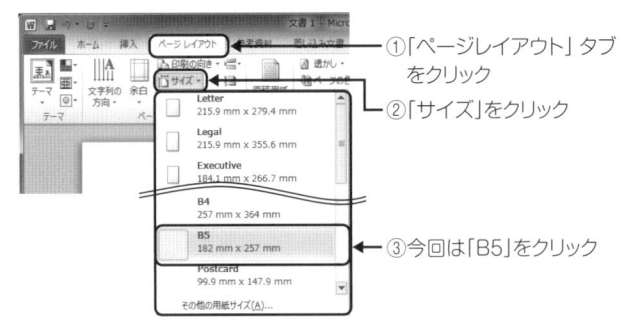

①「ページレイアウト」タブをクリック
②「サイズ」をクリック
③今回は「B5」をクリック

2. 用紙の余白を設定する

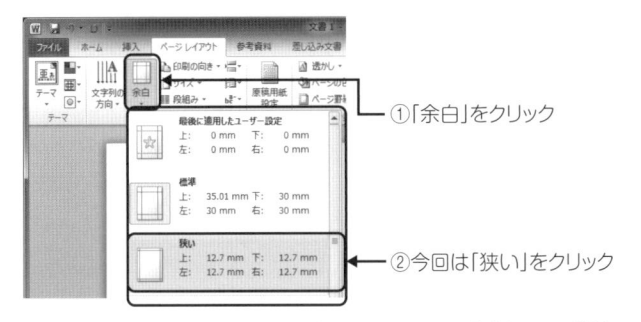

①「余白」をクリック
②今回は「狭い」をクリック

★用紙の向きを変更するときは、「印刷の向き」から「縦」または「横」をクリックします。

3. イラストを選び画面に挿入する

CD-ROMから文字を入れるスペースのあるイラストを選んで挿入（P85参照）します。

4. テキストボックスを挿入する

①「挿入」タブをクリック
②「テキストボックス」をクリック
③「シンプル - テキストボックス」をクリック
④テキストボックスが挿入されました。

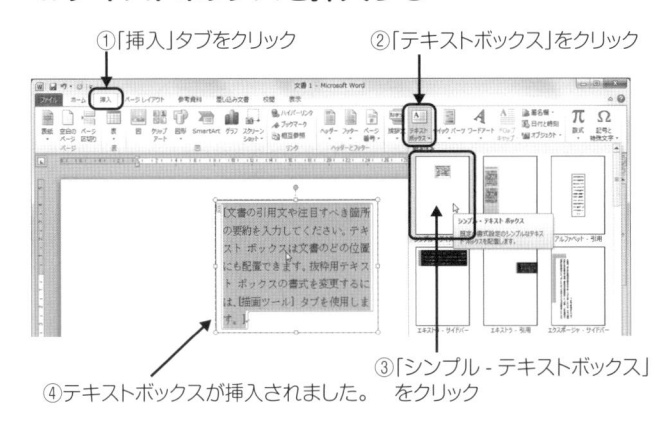

〈別バージョンの場合〉

テキストボックスを挿入する

2003　①「挿入」メニューから「テキストボックス」→「横書き」または「縦書き」を選択しクリック

②下図のような「描画キャンバス」が表示されるのでキーボードの「Esc」キーを押して消去します。

「描画キャンバス」

③テキストボックスを描画します。

画面をクリック　　　クリックしたまま右下にドラッグ

Mac 2011　「ホーム」をクリックし、左側に表示される「テキストボックス」の▼をクリック。「横書き」または、「縦書き」をクリックします。

---

5. テキストボックスに文字を入力する

そのままの状態で、テキストボックス内に文字を入力します。

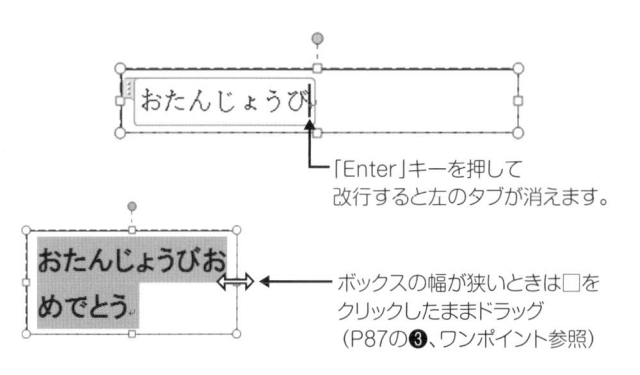

「Enter」キーを押して改行すると左のタブが消えます。

ボックスの幅が狭いときは□をクリックしたままドラッグ（P87の❸、ワンポイント参照）

6. テキストボックスを移動する

テキストボックスは、外枠にマウスポインタを合わせると移動ができます。

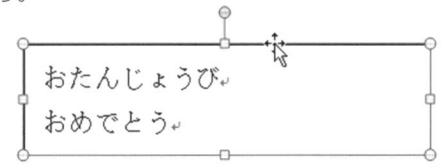

7. 文字の書式を設定する

「ホーム」タブをクリックして、文字の種類・サイズ・色・文字揃えを設定します。
テキストボックスの枠をクリックして選択すると、すべての文字に同じ書式を設定できます。テキストボックス内の文字の一部をドラッグして選択することもできます。
今回は、テキストボックス内のすべての文字を[HGP ゴシック E]、サイズ[28]、色[赤]、[中央揃え]に設定します。

文字の種類・サイズ・色を設定する

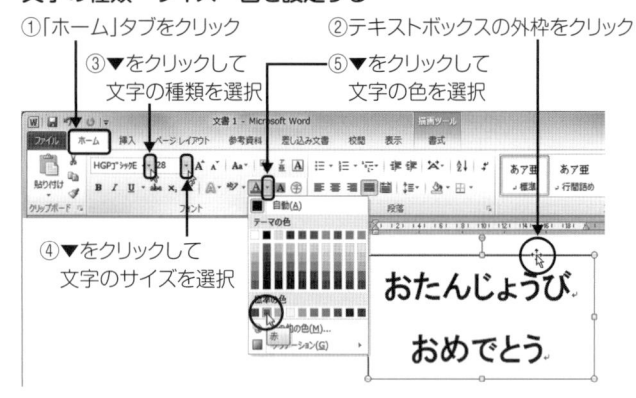

① 「ホーム」タブをクリック
② テキストボックスの外枠をクリック
③ ▼をクリックして文字の種類を選択
⑤ ▼をクリックして文字の色を選択
④ ▼をクリックして文字のサイズを選択

文字揃えを指定する

⑥ 「中央揃え」ボタンをクリック

＜別バージョンの場合＞

文字の書式を設定する

2003　画面上部の「書式設定」ツールバーに書式設定のボタンが並んでいます。

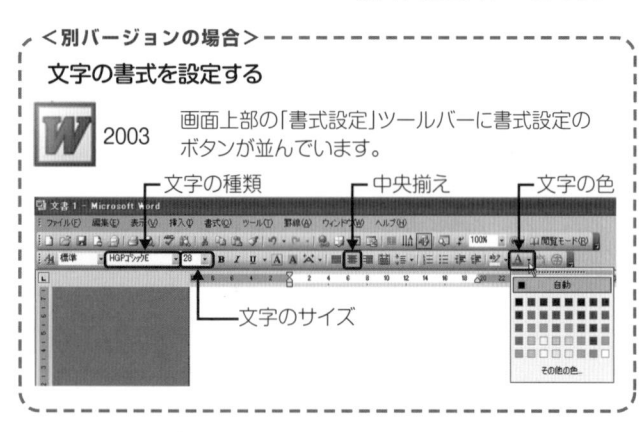

文字の種類　中央揃え　文字の色
文字のサイズ

8. テキストボックスの背景の色と枠線を指定する

テキストボックスを選択している間は、リボンに「図ツール」が表示されます。テキストボックスの枠線の色や塗りつぶしの色（背景色）を指定するには、「書式」タブをクリックし、枠線の色は「図形の枠線」、塗りつぶしの色は、「図形の塗りつぶし」ボタンをクリックして、色のパレットから選択します。
今回は、「枠線の色」と「塗りつぶしの色」は[なし]を選択します。
（テキストボックス作成時の「枠線の色」は「黒」、「塗りつぶしの色」は「白」に設定されています。）

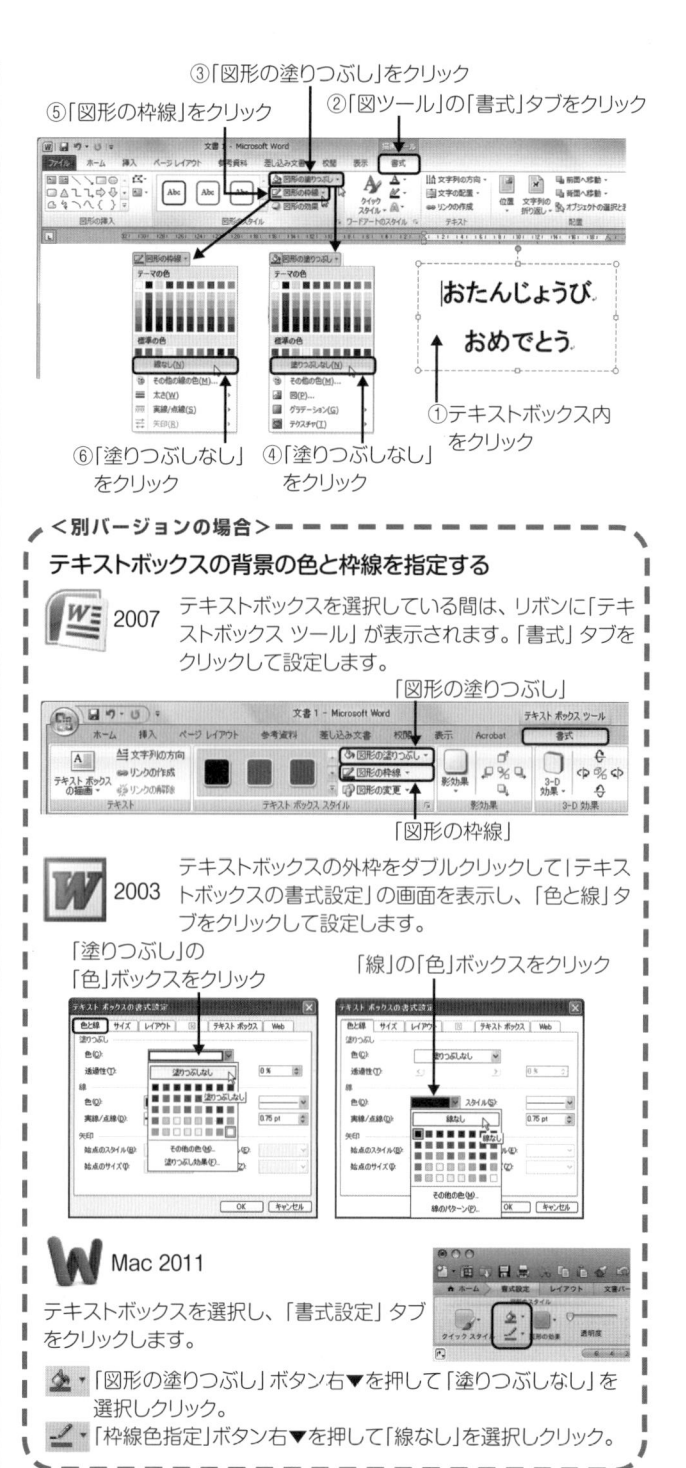

③ 「図形の塗りつぶし」をクリック
⑤ 「図形の枠線」をクリック
② 「図ツール」の「書式」タブをクリック
① テキストボックス内をクリック
⑥ 「塗りつぶしなし」をクリック
④ 「塗りつぶしなし」をクリック

＜別バージョンの場合＞

テキストボックスの背景の色と枠線を指定する

2007　テキストボックスを選択している間は、リボンに「テキストボックス ツール」が表示されます。「書式」タブをクリックして設定します。

「図形の塗りつぶし」
「図形の枠線」

2003　テキストボックスの外枠をダブルクリックして「テキストボックスの書式設定」の画面を表示し、「色と線」タブをクリックして設定します。

「塗りつぶし」の「色」ボックスをクリック
「線」の「色」ボックスをクリック

Mac 2011
テキストボックスを選択し、「書式設定」タブをクリックします。

- 「図形の塗りつぶし」ボタン右▼を押して「塗りつぶしなし」を選択しクリック。
- 「枠線色指定」ボタン右▼を押して「線なし」を選択しクリック。

9. できあがり

応用編 2　いろいろな文字と図形をイラストと組み合わせてみよう！

1. イラストを選んで挿入する

イラストを選んで挿入し（P85参照）、自由に動かせるように「文字の折り返し」で「前面」に指定します（P86参照）。次に画面の中央へ移動します。

2. 図形を選択する

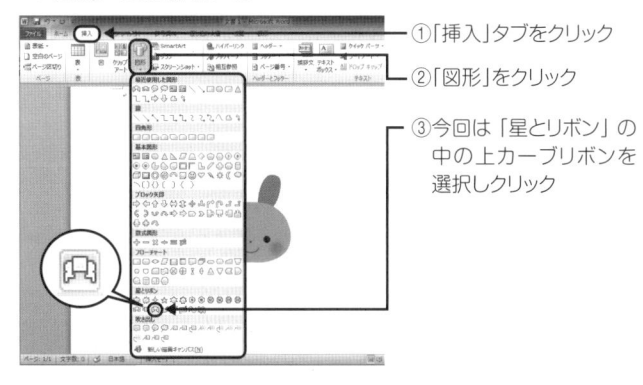

① 「挿入」タブをクリック
② 「図形」をクリック
③ 今回は「星とリボン」の中の上カーブリボンを選択しクリック

3. 図形を挿入する

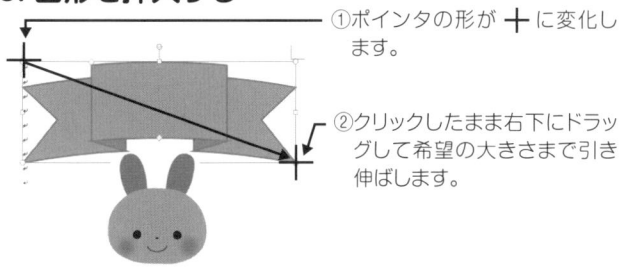

① ポインタの形が ＋ に変化します。
② クリックしたまま右下にドラッグして希望の大きさまで引き伸ばします。

4. 図形の色を指定する

① 「書式」タブをクリック 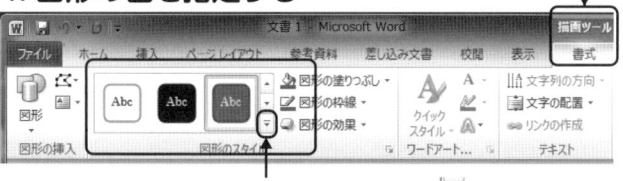
② 図形のスタイルの ▽ ボタンをクリック 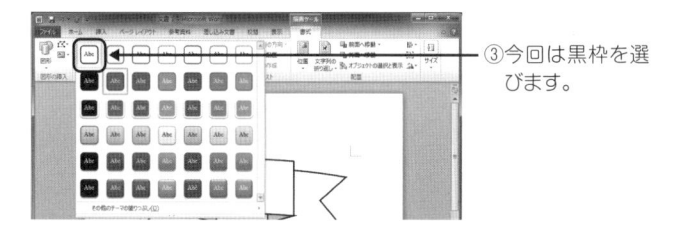
③ 今回は黒枠を選びます。

5. ワードアートからアートスタイルの文字を挿入する

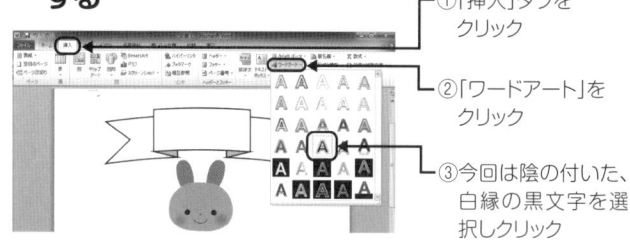

① 「挿入」タブをクリック
② 「ワードアート」をクリック
③ 今回は陰の付いた、白縁の黒文字を選択しクリック

④ テキストが入力できるボックスが表示されます。 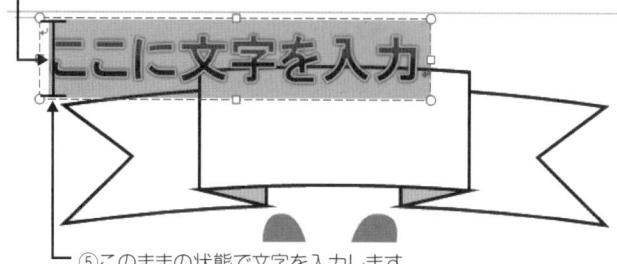
⑤ このままの状態で文字を入力します。

※クリックせずに入力できます。クリックすると「ここに文字を入力」を削除する必要があります。

6. ワードアートの文字の種類・サイズを指定する

① ワードアートの外枠をクリック
② 「ホーム」タブをクリック
③ 文字の種類を指定 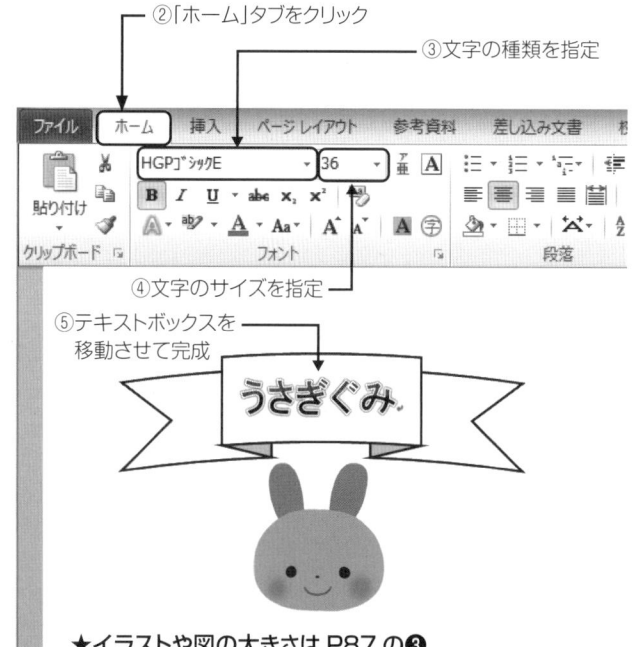
④ 文字のサイズを指定
⑤ テキストボックスを移動させて完成

★イラストや図の大きさは P87 の❸、文字の大きさや種類は P92 の❼を参照してください。

応用編 3 「ペイント」ソフトを使ってイラストに色を塗ってみよう！

※このページで紹介しているペイントソフトは Mac OS では使用できません。

1. ペイントを開く

①「スタート」ボタンをクリック

②「すべてのプログラム」をクリック

③「アクセサリ」をクリック

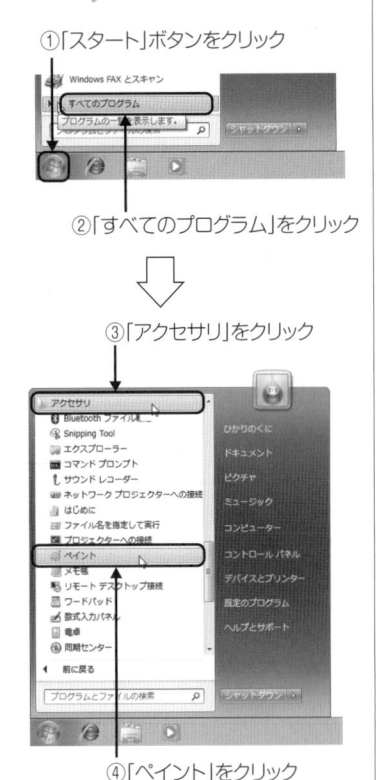

④「ペイント」をクリック

〈ペイントを開いたときの画面と主なボタンの役割〉

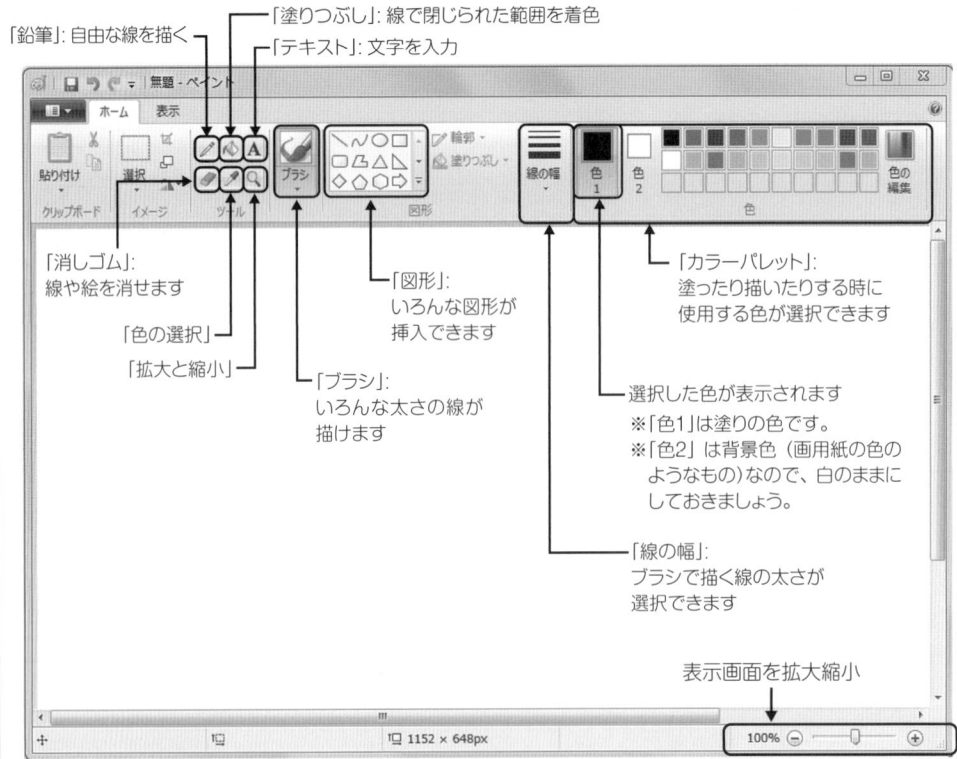

- 「鉛筆」：自由な線を描く
- 「塗りつぶし」：線で閉じられた範囲を着色
- 「テキスト」：文字を入力
- 「消しゴム」：線や絵を消せます
- 「色の選択」
- 「拡大と縮小」
- 「図形」：いろんな図形が挿入できます
- 「ブラシ」：いろんな太さの線が描けます
- 「カラーパレット」：塗ったり描いたりする時に使用する色が選択できます
- 選択した色が表示されます
  ※「色1」は塗りの色です。
  ※「色2」は背景色（画用紙の色のようなもの）なので、白のままにしておきましょう。
- 「線の幅」：ブラシで描く線の太さが選択できます
- 表示画面を拡大縮小

2. ペイントから CD-ROM のイラストを開く

今回は、色を塗るために線描きのイラストを選びます。

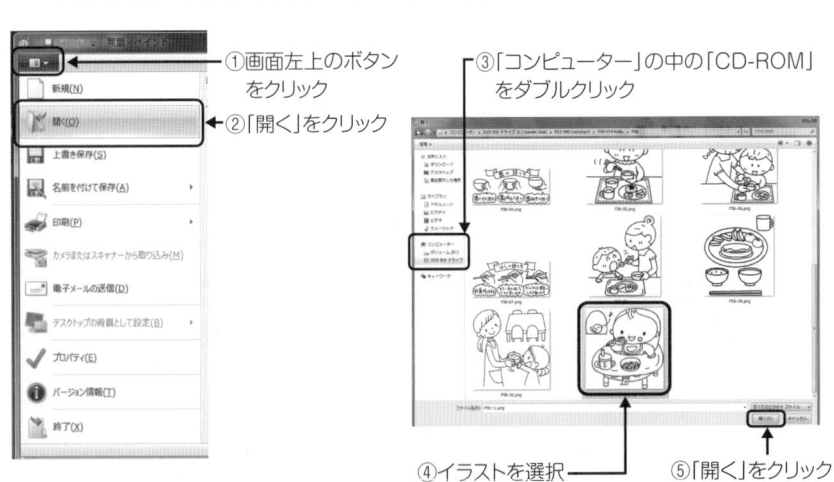

①画面左上のボタンをクリック

②「開く」をクリック

③「コンピューター」の中の「CD-ROM」をダブルクリック

④イラストを選択

⑤「開く」をクリック

⑥拡大縮小機能で見やすい大きさの画面に調節します。

◆監修／永井裕美
◆イラスト／うえはらかずよ、コダイラヒロミ、鳥生美幸、みさきゆい、マメリツコ、菅谷暁美、田中なおこ、どうまんかずのり、
　　　　　鹿渡いづみ、森のくじら
◆本文レイアウト／永井一嘉　◆レーベルイラスト／マメリツコ、うえはらかずよ　◆レーベルデザイン／大薮胤美（フレーズ）
◆企画編集／長田亜里沙、安藤憲志　◆校正／堀田浩之
◆CD-ROM 制作／日本写真印刷株式会社

※CD-ROMは、ここから開けてご使用ください。
※ご開封前に、81ページを必ずお読みください。

かわいいイラストデザイン CD-ROM

2011年4月　初版発行
2018年6月　第17版発行

監　修　永井裕美
イラスト・デザイン　うえはらかずよ、コダイラヒロミ、鳥生美幸、みさきゆい、マメリツコ
発行人　岡本　功
発行所　ひかりのくに株式会社
　　　　〒543-0001　大阪市天王寺区上本町 3-2-14　郵便振替 00920-2-118855　TEL 06-6768-1155
　　　　〒175-0082　東京都板橋区高島平 6-1-1　　郵便振替 00150-0-30666　　TEL 03-3979-3112
　　　　ホームページアドレス　http://www.hikarinokuni.co.jp
印刷所　NISSHA株式会社

©2011　乱丁、落丁はお取り替えいたします。

本書を代行業者等の第三者に依頼してスキャンやデジタル化することは、たとえ個人や家庭内の利用であっても著作権法上認められておりません。

Printed in Japan
ISBN978-4-564-60784-4
NDC376　96P　26×21㎝

3. 色を塗る (閉じている面を塗るとき)

「塗りつぶし」を使って色を塗ります。

①「カラーパレット」から塗りたい色をクリック

② イラスト上でマウスポイントが に変わるので、塗りたい場所でクリック

★失敗したら「元に戻す」ボタンをクリックすると、ひとつ前の状態に戻せます。

4. 色を塗る (閉じていない面を塗るとき)

閉じていない面で塗りをクリックすると、線がとぎれた部分から色がはみ出して広い範囲で着色されます。このような場合は、とぎれている部分をつないで面を閉じてから塗りつぶします。

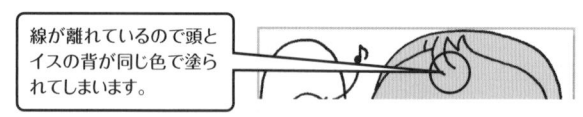

線が離れているので頭とイスの背が同じ色で塗られてしまいます。

「鉛筆」を使って途切れている線をつなげてみましょう。

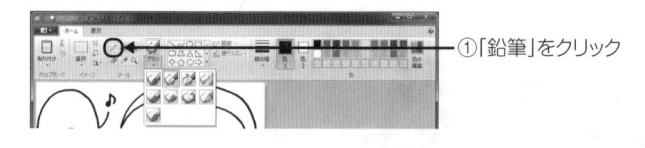

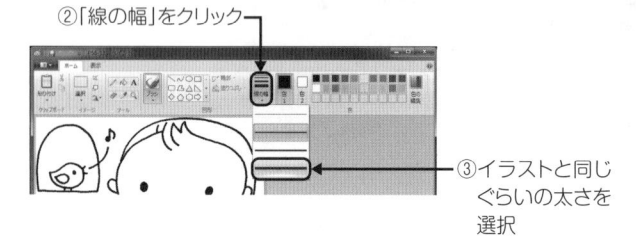

①「鉛筆」をクリック

②「線の幅」をクリック

③ イラストと同じぐらいの太さを選択

★ブラシボタンの▼をクリックしてブラシの種類を変えることができます。

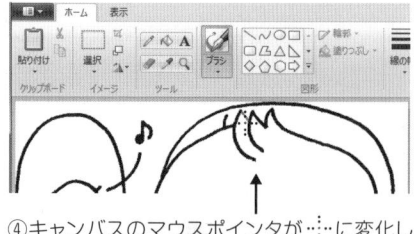

④ キャンバスのマウスポインタが⋮⋮に変化します。途切れている線の端をクリックし、そのままドラッグしてもう一方の端まで線を書き足します。

⑤ もう一度「3. 色を塗る」の手順で閉じた面を塗りつぶします。

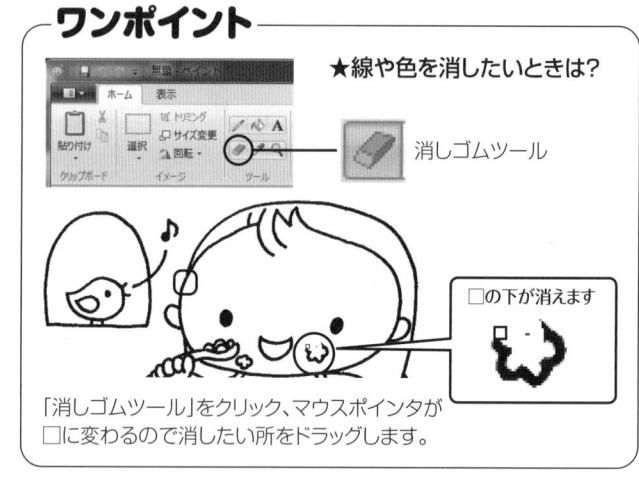

ワンポイント

★線や色を消したいときは？

消しゴムツール

□の下が消えます

「消しゴムツール」をクリック、マウスポインタが□に変わるので消したい所をドラッグします。

5. イラストに名前を付けて保存する

完成したら、いつでも使えるように名前を付けて保存します。

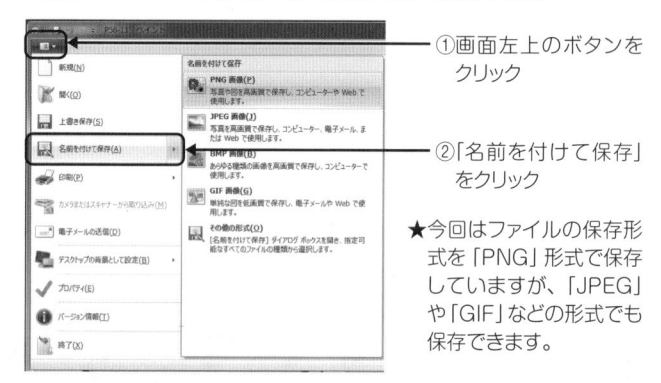

① 画面左上のボタンをクリック

②「名前を付けて保存」をクリック

★今回はファイルの保存形式を「PNG」形式で保存していますが、「JPEG」や「GIF」などの形式でも保存できます。

③ 今回は保存場所として「ドキュメント」をクリック

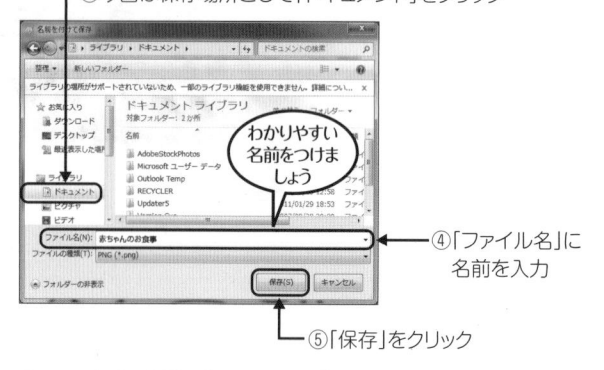

わかりやすい名前をつけましょう

④「ファイル名」に名前を入力

⑤「保存」をクリック

6. できあがり (イメージ)